中世武士選書 39

井伊直政

家康筆頭家臣への軌跡

野田浩子 著

戎光祥出版

はしがき

なぜ井伊直政《いいなおまさ》は、徳川家康《とくがわいえやす》の筆頭家臣に取り立てられたのか？　疑問を投げかける声は多い。三河譜代の家臣でもない新参者の直政が異例の出世を遂げた理由について、それに対してこれまでに納得できる説明が示されたとは言いがたい。

井伊直政は「徳川四天王」、つまり徳川家康の重臣の一人として知られている。「井伊の赤備《あかぞな》え」と称された朱色の甲冑を身にまとい、戦場を駆け回る姿は関ヶ原合戦図などに描かれ、その勇壮さが印象に残る。しかし、これほど著名でありながら、史実にのっとって学術方面から直政の生涯と事績に正面から取り組んだ書籍は見あたらない。これまでの直政に関する著述の多くは、歴史上の人物・事件を題材とした逸話・小説・ドラマといった創作の世界に基づいており、現在、世間に認識されている直政のイメージは、後世に創り出されたものといっても過言ではない。

江戸時代の礎を築いた戦国武将に関する逸話や軍記物は江戸時代の早い時期から作られ、流布してきた。先祖の業績を顕彰するだけでなく、歴史上の人物から人生訓を読み解き、人間模様を描いたドラマとして親しまれてきた。歴史を題材とした架空の物語を楽しむだけであれば問題ないが、史実と創作が混然となった話が今に伝えられ、現在でもそれらが歴史を語る材料として使われている。

井伊直政の履歴についてもこれがあてはまる。直政の事績を記す井伊家の系譜は江戸時代を通じて何度かまとめられたが、江戸中後期には、世間に流布していた逸話の内容が史実と誤認されて系譜類に書き加えられている。そのため本書では、できる限り同時代の良質な史料に基づいて直政の生涯を示すことを第一の課題とした。複数の説がある場合はできるかぎり併記し、あわせて典拠史料の性格を検討することで、各説の妥当性やそれらが存在する意味を示すことに努めた。そのため、史料の検証に紙幅を費やしたが、史実の認定に必要な作業としてご理解いただきたい。ただ、逸話をまったく無視しては語れる歴史が限定してしまうため、荒唐無稽な話は排除したが、内容によっては逸話も引用した。その際には、出典史料の性格や逸話であることを明示している。

平成十九年（二〇〇七）、彦根城博物館で開催した彦根城築城四〇〇年記念展「戦国から泰平の世へ―井伊直政から直孝の時代―」を企画担当したが、そこでは直政の外交交渉が関ヶ原合戦で勝利に結びついたとして、それを象徴する「開国の元勲」という家康の直政評を提示した。これは、展覧会に先立つ研究（『彦根城博物館研究紀要』18号所収論文）で、書状等の同時代史料から直政の活動を分析した成果に基づいている。この研究は直政の後半生に限った分析であったが、このたび、生い立ちからの全生涯にわたって検討を加え、改めて冒頭の疑問に挑んでみた。

近年の戦国・織豊期研究の進展はめざましく、戦国大名だけでなく、国衆や大名家臣クラスでも基本事実が明らかとなってきている。その背景には、自治体史や史料集の刊行がある。新たな史料が知られるようになり、逸話・系譜ではなく、同時代の良質な史料に基づいて歴史像が示されるようになってきている。そのなかで、「徳川中心史観」という言葉を目にすることが多い。関ヶ原合戦をはじめとする江戸開幕に至る「通説」は徳川家康を神聖視しその行為を正当化するよう創作が加えられているという指摘であり、そこから離れて客観的に歴史を見る必要性が説かれている。本書もそのような先行研究に教えを受けた。

折しも、大河ドラマ「おんな城主　直虎」で戦国時代の井伊氏が注目されている。後世に付与されたイメージを取り除き、当時の社会のありかたをふまえて史料を読み直すことで、井伊直政の実像に迫っていきたい。

二〇一七年八月

野田　浩子

＊なお、史料を引用する際には、読みやすいように読み下し文に直している。また、史料の出典については史料集名、史料群名または所蔵者名により表示したが、一部のものは巻末参考文献に示した略記を用いた。

目次

第Ⅰ部　戦国武将への飛躍

井伊直政木像　静岡県浜松市・龍潭寺蔵　正徳元年（1711）、井伊家4代直興が先祖供養のため寄進して造立された

第一章　波瀾万丈な幼少期

東海地方の名門・井伊氏

井伊氏は、古くから遠江国（静岡県）西部に勢力を持った一族である。浜名湖《はまなこ》の北に位置する引佐《いなさ》郡《ぐん》には、平安時代にはすでに「井伊」の名をもつ郷があり、この地は古くから開発が進み、人々が生活を営んでいた先進地の一つであったといえる。

井伊の地を拠点とする井伊氏の存在は、武家の世がはじまった時代から文献で確認できる。平安時代後期頃に地域を開発した領主が、源頼朝《みなもとのよりとも》と主従関係を結んで鎌倉御家人となったが、鎌倉御家人「井伊介《いいのすけ》」もそのようなコースをたどったと思われる。「井伊介」は、南北朝の動乱の中で南朝の宗良《むねよし》親王を「井伊城」で庇護した人物としても歴史上に名を残している。室町時代、幕府のもとで遠江守護を務めた今川《いまがわ》氏や斯波《しば》氏の配下や、引佐郡内の地域支配勢力としても井伊氏の存在は確認できる。戦国時代になると、戦国大名今川氏の配下にあって、井伊谷（静岡県浜松市北区）を拠点とする国衆《くにしゅう》として地域を支配した。その一族に出自をもつ井伊直政が徳川家康《とくがわいえやす》の家臣となり、やがてその筆頭に昇りつめるが、家康が天下を取って全国政権を築いたことにより、井伊氏は幕府の大老《たいろう》を務める家柄として幕政に重きをなした。

このように見ると、井伊氏は武家の世の初頭から終焉までの長きにわたってその存在が確認できる。このような武家は全国的に見ても数少ない。

しかし、家が継承されてきた裏には一族の分立や興亡があった。現存する井伊氏の系図を見ると、始祖とされる平安時代中期の共保《ともやす》以降、代々直系で継承されたように見えるが、それは興亡の末に残った立場から振り返って作成したものである。一つの直系が領主の立場を継承しつづけたわけではなく、地域をまとめる有力者は興亡を繰り返し、入れ替わっていったとみるのがよいだろう。

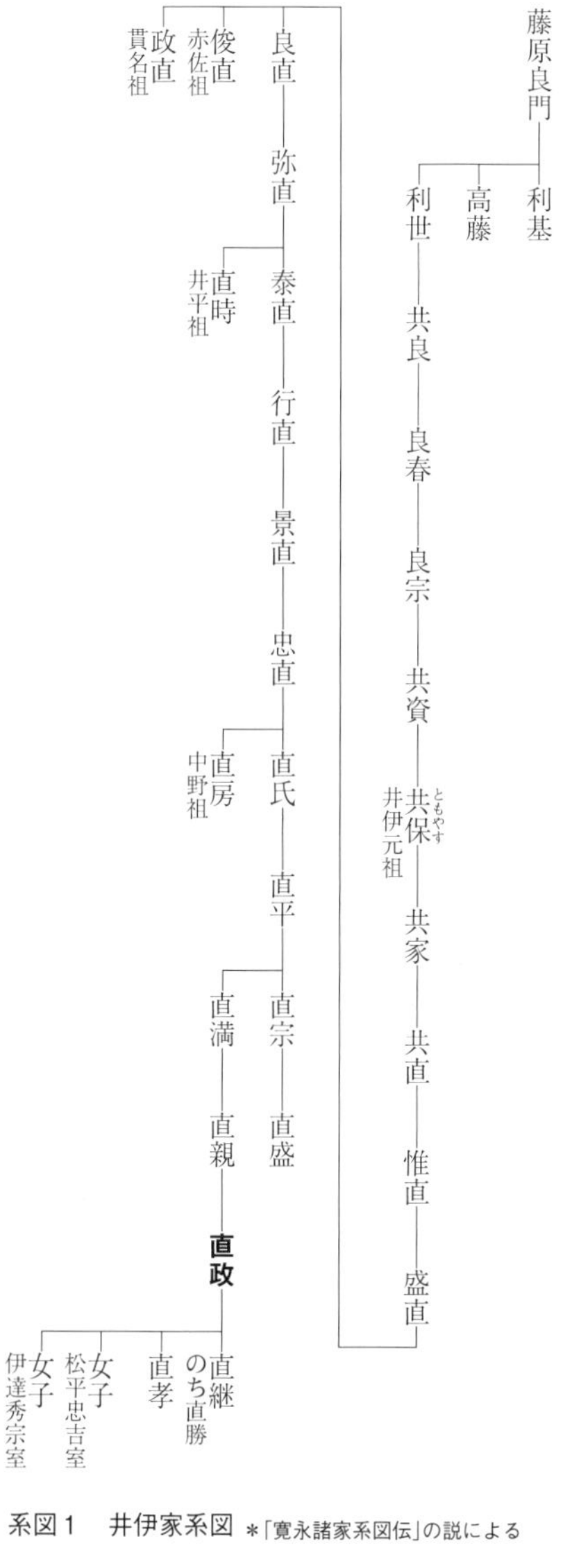

系図1　井伊家系図　＊「寛永諸家系図伝」の説による

井伊氏の系図では、始祖の共保から先祖をさかのぼると貴族の藤原氏にたどりつく。このように、先祖の出自を源平藤橘《げんぺいとうきつ》といった貴種に求め、それを示す系図を作成する風潮は、鎌倉時代後期頃の武家社会で広く見られた。井伊氏の系図もこのような動向の中で創作されたものであり、先祖の出自は史実と見なすことはできない。

とはいえ、井伊氏は、東海地方のみならず全国的に見ても有数の名門武家であることに違いはない。井伊直政は、このような名門の名を背負って生きていくこととなる。

激動の時代に生まれる

直政は、永禄四年（一五六一）、遠江国の国衆井伊氏の一族、井伊直親《なおちか》の息子として生まれた。母は奥山親朝《おくやまちかとも》の娘である。

直政の幼少期について記す史料は、寛永年間に著された「井伊氏族系図伝記」（『井伊典籍』、彦根藩士岡本宣就《おかもとのぶなり》著）、戸塚正鐘（彦根藩士）の著作と推定される「直政公御一代記」（彦根市立図書館蔵）、享保年間に井伊谷龍潭寺《りょうたんじ》の住持祖山《そざん》が著した「井伊家伝記」（『井伊典籍』）や、「井伊家伝記」など各史料の所説を集約した「井伊年譜」（『井伊典籍』、彦根藩士功刀君章編）などわずかである。それぞれ説の異なる部分もあるが、諸史料から読み取れることを見ていきたい。

「井伊氏族系図伝記」や「直政公御一代記」によると、直政の幼名は万千代（万千世とも）で、井伊谷で誕生したという。一方、「井伊家伝記」では、二月酉《とり》の日に誕生し、幼名は虎松とする。虎松は井伊氏当主であった直盛《なおもり》の幼名であったことから、曾祖父の直平《なおひら》が名付けたという。誕生の地は、「井伊年譜」には遠州祝田《ほうだ》村（浜松市北区）とある。直親の本拠地が祝田村であったことから、そこに比定されたと考えられる。

直政が生まれた永禄四年は、井伊氏にとって激動の時代が始まった年でもあった。その発端は、永禄三年（一五六〇）の桶狭間《おけはざま》の戦いにある。駿河の大名今川義元《よしもと》は西隣の遠江・三河へと領国を拡げていたが、さらに西の尾張にまで勢力を延ばし、尾張の織田信長《おだのぶなが》と対立関係にあった。そこで、義元は大軍勢を引き連れてみずから出陣したところ、信長がわずかな手勢で義元の本陣を襲撃して義元を討ち取ったのである。大将を失った今川勢は織田勢の追撃を受けて総崩れとなり、惨敗を喫した。

曾祖父・井伊直平の墓　静岡県浜松市

その中に、井伊直盛の部隊もあった。直盛は、今川勢の先手として井伊谷の軍勢を率いて出陣していた。直盛の時代、井伊氏は井伊谷を本拠として引佐郡やその周辺を安定して統治し、大名今川氏や周辺の領主とも良好な関係にあったが、桶狭間の敗戦によりこの勢力の均衡した状態が崩れてしまった。そのきっかけを作ったのが、三河の松平元康《まつだいらもとやす》（のちの徳川家康。以後、家康で統一する）である。三河岡崎城主の息子であった家康は人質として

父・井伊直親の墓　静岡県浜松市

今川のもとにおり、桶狭間の戦いでは岡崎衆を率いて今川の先手として出陣したが、桶狭間で今川義元が討たれた混乱により、本拠地の岡崎城に入って今川からの独立を果たした。まもなく、家康は織田信長と同盟関係を結んで三河の各勢力を味方につけようと画策し、三河では今川方と織田・松平方が対立することになる。

この対立関係は、遠江にも及んでいった。直政の父である井伊直親は、永禄五年に今川に命じられた懸川城主朝比奈《あさひな》泰朝《やすとも》によって討たれたが、その理由は直親が徳川に接近したとの噂があったためという。直親が実際に今川から離反する意図を持っていたかどうか不明であるが、疑われてもおかしくない状況となっていたのは確かである。

これにより、井伊氏は成人の当主不在の状況になり、政務は井伊氏一門衆らが執ったようである。「井伊家伝記」には、政務は中野直由《なかのなおよし》が行い、直政の養育は新野《にいの》親規《ちかのり》が担当したとある。新野氏は城東郡《きとうぐん》新野（静岡県御前崎市）に勢力を置く家であるが、親規と井伊氏との間には親戚関係があった。直盛の妻（祐椿尼《ゆうちんに》）の兄であり、また、親規の妻と直親の妻（奥山親朝娘）は叔母・姪の間柄であった。このように、井伊氏の女性たちとつながりの深い親規が、本拠地は息子に任せ、井伊谷に居住して直政を養育することになったという。

政務を見たという中野直由は、井伊氏の一門である。このほか、井伊氏家老の小野《おの》氏は大名今川氏への取次を務めていた。また、周辺に勢力を持つ松下《まつした》、松井《まつい》、菅沼《すがぬま》、近藤《こんどう》、鈴木《すずき》の一族も井伊氏を支える主要メンバーだったようである（後述）。

井伊氏は大名今川氏の配下にあり、今川から軍事動員を命じられると同心《どうしん》・土豪《どごう》らを率いてそれに応えなければならなかった。永禄六年から七年頃には、三河に続いて遠江の諸将が次々と反今川の動きをみせる「遠州忩劇《そうげき》」と呼ばれる状態になっていたため、今川は離反しようとする者へ兵を向けた。永禄六年には、今川は井伊氏に対して八幡山《やはたやま》城主天野景泰《あまのかげやす》へ兵を向けるよう命じたことから、高齢の井伊直平が軍勢を率いて出兵し、討ち死にしてしまう。翌永禄七年には、引馬《ひくま》城主飯尾連龍《いのおつらたつ》が今川から離反したため、井伊氏は引馬城への出兵を命じられた。今度は新野親規・中野直由の両名が陣代《じんだい》として井伊衆を率いて出陣したが、引馬の東南に位置する天間橋《でんまばし》で両名とも討ち死にしてしまった。

直政はどこで養育されたのか

新野親規亡き後の直政の養育については、二つの説が伝わる。「井伊氏族系図伝記」や「直政公御一代記」では、新野が亡くなった後、その後家《ごけ》が引き続き直政を養育していたが、今川からの御尋ねがあったことから、新野の叔父にあたる浄土寺《じょうどじ》和尚が出家させると陳謝して今川のもとに出さなくて済んだ。その後、永禄十一年（一五六八）に今川が武田氏に攻め込まれて滅亡した折、遠江の騒動が激しくなったので浄土寺和尚、僧珠源《しゅげん》と「おく殿」という乳母の三人で三河鳳来寺《ほうらいじ》（愛知県新城市）

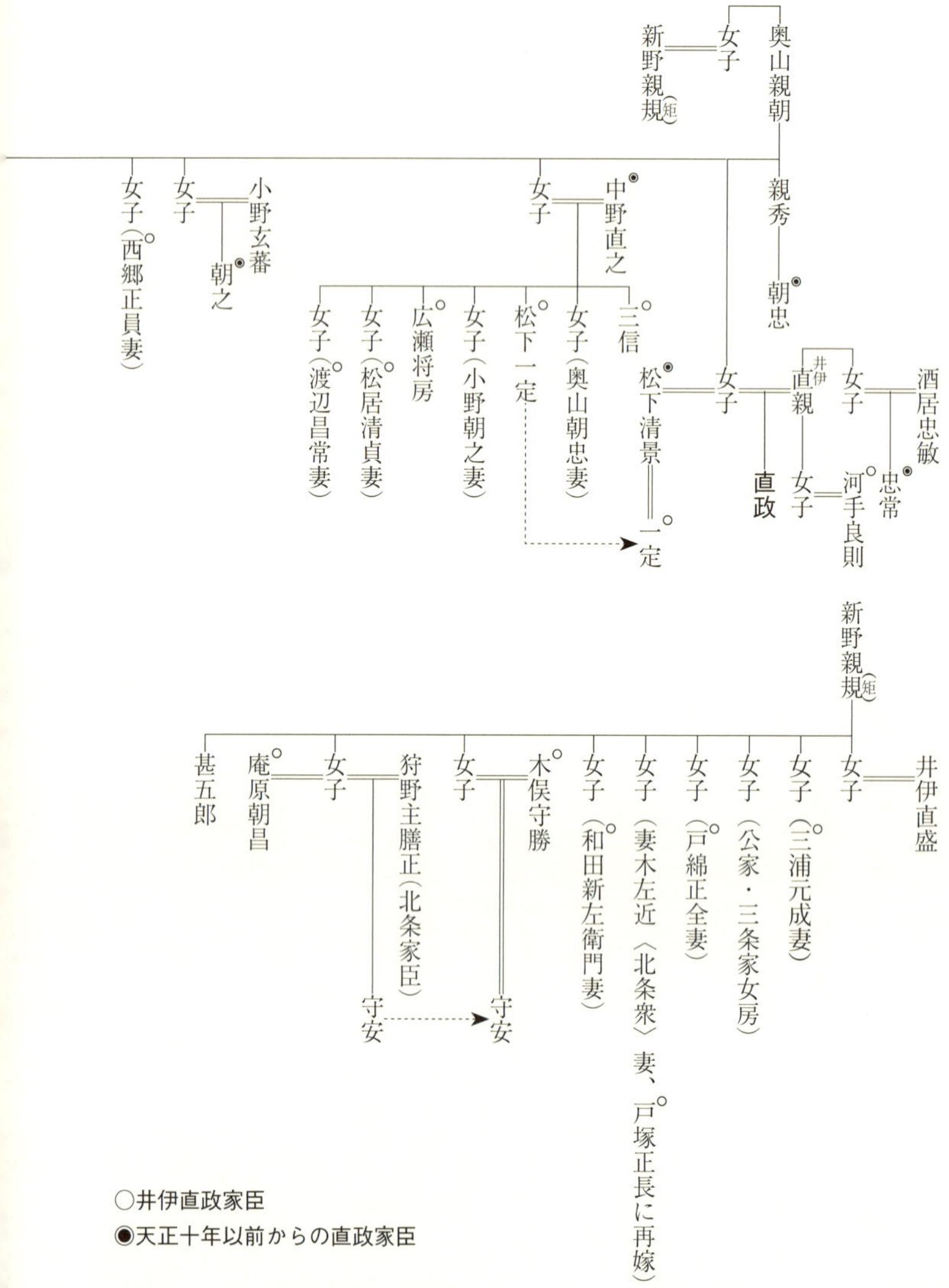

系図２　井伊氏と家臣の親族関係図

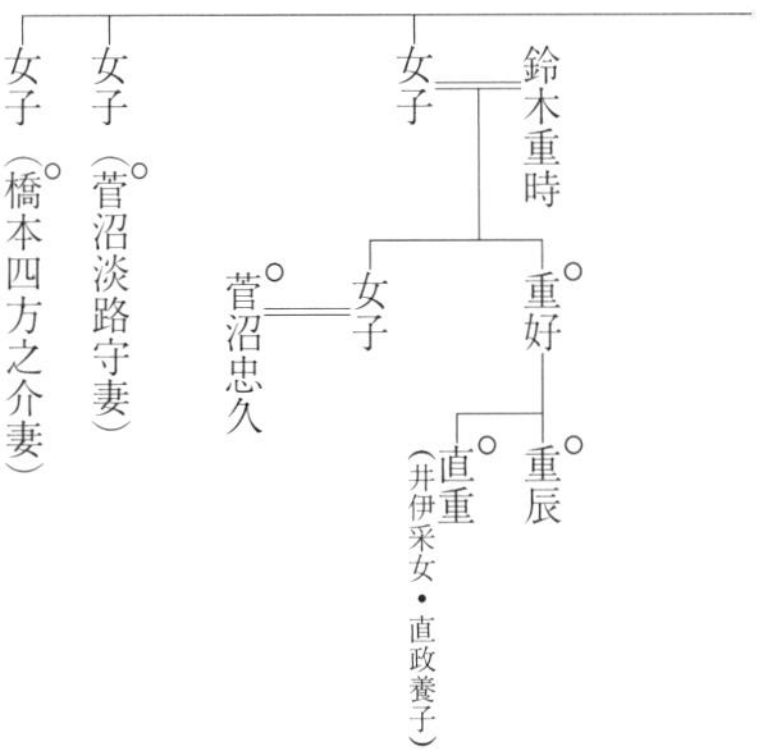

に逃れた。遠州の争乱が落ちつくと、直政の母が松下清景《きよかげ》に嫁いだので、直政は鳳来寺から松下方へ移ったとある。

一方、「井伊家伝記」では、新野・中野が亡くなった後、中野が行っていた井伊谷の政務は直盛の娘「次郎法師」が務め、母の直盛妻とともに直政を養育していたが、永禄十一年、今川が武田氏に攻められそうになったとき、井伊氏家老の小野但馬は、氏真《うじざね》から直政の命を奪って但馬が井伊谷の軍勢を率いるよう命じられたとして、井伊谷を押領《おうりょう》する準備を始めた。そこで、すぐに直政を龍潭寺に忍び入れ、さらに三河鳳来寺へと逃したという。六年後の天正二年十二月になり、父直親の十三回忌のため直政は鳳来寺から龍潭寺にやってきたが、このとき龍潭寺の南渓《なんけい》和尚が直盛妻・次郎法師・直政実母と相談して、家康が遠江を手に入れた上はそこに出仕させるのがよいとして、直政を鳳来寺に帰さず、松下清景方へ忍ばせて、その後家康に出仕させたとある。

このとき直政が戻らないため、鳳来寺から直政の身柄について尋ねてきたが、南渓がうまく答えて戻すことなく済んだとあるが、このような南渓和尚が直政の養育に貢献したという逸話が「井伊家伝記」の中に散見する。この史料は、江戸時代中期になり、直政が活躍して井伊家が繁栄した陰には龍潭寺や南渓の貢献があったと、龍潭寺が自身の重要性を彦根藩主井伊家に主張しようという意図を含

図1　遠江国周辺図

んだ著作であり、その内容には創作が加わっていると考えられるため、史実というよりも逸話としてみるほうがよさそうである。

なお、永禄十一年がこの地域にとって大きな転機となったのは確かである。同年十二月、勢力を失いつつあった今川氏真に対し、武田信玄と徳川家康が呼応して侵攻を開始し、氏真を駿府《すんぷ》（静岡市）から追い落とした。当初、武田は駿河へ、徳川は遠江へと二方向から今川領国に進出したが、その後、武田が遠江へと兵を向け、元亀三年（一五七二）に両者は三《み》方ヶ原《かたがはら》（浜松市）で合戦に及んだ。井伊氏の領地はまさに武田氏が侵攻してきたルート上にあり、井伊谷も争乱に巻き込まれている。

このような井伊谷をとりまく政情のもと、永禄十一年までは井伊谷周辺で成長していた直政であったが、永禄十一年からの争乱に際して、井伊谷から離れた安全な場所に身を隠すため、鳳来寺へ入ったと考えられる。

第二章　家康への出仕

家康の近習から筆頭家臣へ

直政は、天正三年（一五七五）に家康に出仕してから慶長七年（一六〇二）に死去するまで、一貫して家康の家臣であり続けたが、徳川家中での立場は段階を追ってステップアップしていった。仕官当時は「万千代」という仮名《けみょう》で呼ばれ、家康の「膝下を離れず仕官」したという（「寛永系図」提出本）。家康の傍らに仕える近習で、平時・戦時ともに傍らにいたが、天正十年八月までには「井伊兵部少輔《ひょうぶのしょう》」と改称しており、この頃には一人前の仕事が与えられている。ただ、その仕事内容は家康の近習の範疇を超えるものではなかった。

天正十年末に甲州を支配下に入れた後、直政は旗本先手隊の大将に抜擢されて「井伊の赤備《あかぞな》え」と称された部隊を率いることになる。天正十八年に徳川が関東に国替えとなった際には上野箕輪《みのわ》十二万石の城主となり、徳川家臣最大の領地を得た。これは、徳川家中の序列でいえば、多くの先輩諸将を追い越して抜擢され、筆頭にまで昇り詰めたことになる。

このように、三河譜代でもない新参者の直政が異例の出世を遂げたことについて、これまで納得できる理由が示されたとは言い難い。あるいは、家康の家臣処遇は俗に「権ある者は禄少なく、禄ある者は権少なく」ともいわれ、本多正信《ほんだまさのぶ》に代表される家康側近には「禄」（知行高）が少なく、領地の多い家臣には正信らほどの権勢はなかったという見方がなされることもあった。また、直政は家康の寵童《ちょうどう》であったという説も古くから存在する。しかし、これらは俗説の域を超えるものではない。直政のどのような点が評価されて抜擢されたのかという疑問点に対して、同時代史料に基づく史実を積み重ね、それに当時の社会状況を重ね合わせて検討を加えることで、その答えを導くことができるだろう。

そこで、直政の生涯と事績を見ていくが、まず、徳川家中での立場の変遷を四つの段階に時期区分してみた。井伊隊の主な出陣とともに示すと次のとおりとなる。

Ⅰ　天正三年～天正十年　近習時代
　天正四年　芝原の陣（初陣）
　天正七年　天龍河原の陣
　天正十年　甲州若神子の陣　北条氏との「天正壬午の乱」
Ⅱ　天正十一年～天正十八年　旗本先手大将時代
　天正十一年　信州高遠口の押さえ　ただし直政は出陣せず
　天正十二年　長久手合戦
　同年　蟹江城攻め
　天正十三年　信州上田城攻め

天正十八年　小田原の陣

Ⅲ　天正十八年八月〜慶長五年　箕輪城十二万石の城主時代

天正十九年　奥州九戸城攻め

慶長四年　伏見騒動

慶長五年　関ヶ原合戦

同年十一月　土佐浦戸城接収　ただし直政は出陣せず

Ⅳ　慶長六年〜慶長七年　佐和山城十八万石の城主時代

出仕時の逸話

直政が徳川家康の家臣となったのは、天正三年（一五七五）、直政十五歳のこととされる。直政が家康の家臣となるにあたっては、井伊氏ゆかりの者が尽力した様子が見て取れる。

出仕の際の逸話として、家康が鷹狩りの際に直政を見かけて声をかけたというものが知られている。ただ、史料によって詳細には多少違いがある。

『寛永系図』「井伊氏族系図伝記」「直政公御一代記」は同様の内容で、天正三年、家康が鷹野に御出の節に路辺で直政を見かけて仕えるようにと声をかけ、そのまま仕官するようになった。仕官後の勤めぶりがほかの人と異なるので、家康が父祖の由来を聞いたため直政が答えると、家康は驚いて、これより井伊の名を名乗るようにと命じ、先祖の地である井伊谷を下賜した、とする。また、「直政

徳川家康画像　埼玉県行田市・忍東照宮蔵　写真提供：行田市郷土博物館

公御一代記」には、召仕えの衆十六人と金阿弥《きんあみ》という坊主（のちの花居清心《はないせいしん》）が付けられたとある。

「井伊家伝記」では、天正三年二月、家康が浜松城下に鷹狩に出かけた際、家康が直政を見かけて声をかけたため、直政が父祖の由来を名乗ると、家康は直政の父直親が家康との関係を疑われて今川氏真により命を奪われたことを覚えており、そのような息子であれば取り立てないわけにはいかないとして、連れて帰り家臣にしたとする。家康は、虎松という幼名であった直政に、自身の幼名（竹千代）から「千代」をとって万千代という名を授け、同行していた小野亥之助には万福と名づけたという。

「井伊年譜」では、家康の正室の築山御前《つきやまごぜん》が関口親永《せきぐちちかなが》の娘であり、井伊直平の孫という縁で、天正三年二月十五日、家康の鷹狩の折に直政は初めて御目見《おめみえ》したとする。御目見の場で家康から早速召し抱えるとの上意があったため、御城に伴われると、築山御前の前で御尋ねがあった。井伊家の父祖の由来をつぶさに言上したところ、家康は驚き、実父直親は家康が遠州へ発向しようとしたことが露顕して今川氏真に殺された人物であり、直政は家康のために命を失った直親の実子なので取り立てないわけにはいかないと述べたという。「万千代」の名前を授けたことや召仕えを付けたことも、先行する史料と同じ内容が記されている。

このように、いずれの史料も天正三年に直政が家康の家臣になったという基本は同様であるが、史料の成立年代が下るほど具体性に富んだ描き方になっている。先行する史料の説を取り入れながら、著者の創作も含めて「行間を埋める」叙述をしたためと考えるのが適切であろう。史実とは離れない程度に読み手が親しみを持てるよう細かな描写を加えたのが、表現の差となっているのではないだろうか。なお、「井伊年譜」にある築山御前が井伊直平の孫であるという説については、第Ⅱ部第三章で検討を加える。

ここでは、家康は偶然通りかかって直政を見つけ、出自も知らないまま声を掛けて召し出したという神話性の高い逸話として語られていることに注目したい。父親や後ろ盾のいない直政が家康に見出されて出世を遂げたというストーリーとなっている。実際に直政が初めて家康に対面する際に、これに近い「演出」がなされたかどうかは不明であるが、召し出しそのものはこのような偶然の産物ではなく、周囲の者によって周到に準備された結果であった。

準備の一つとして、直政を松下清景の養子としていたことが挙げられる。直政の母が清景に再嫁したためこの関係が成立したのであるが、この婚姻そのものが直政を松下のもとに入れる目的であったとみるのがよい。当時の領主階層では、縁組は政治的なつながりのために行われるのが通常であり、この婚姻も政治的な理由、つまり清景を直政の養父とするための婚姻だったといえる。一般的には、嫁の父つまり舅という姻戚関係により後見人となる例があるが、清景は養父となって直政を後見する立場に就いたと考えられる。直政を家康のもとに出仕させる前提として清景の屋敷に入れ、武家社会の基本的なルールを習得するといった本人の学習をはじめ、さまざまな準備を整えたのであろう。

松下氏は遠江頭陀寺《ずだじ》（浜松市南区）に居館を構えた武家で、今川配下にあった。清景の父連昌《つらまさ》は家康に仕えたという履歴があるため、今川氏の没落後に徳川の配下に入ったことがわかる。なお、松下氏は若き日の豊臣秀吉《とよとみひでよし》が一族の松下之綱《ゆきつな》のもとに寄寓していたことでも知られている。清景もその一族で、清景と之綱の妻は兄弟である。清景は生涯にわたり直政に従い、慶長二年に上野国箕輪で死去した。養子である一定《かずさだ》も清景の立場を継承しており、その後も松下家は直政嫡子の直継《なおつぐ》の家系（安中《あんなか》藩主から最終的に与板《よいた》藩主）で代々筆頭家老を務め、江戸時代を通じて井伊家を支え続けた。

出仕当初の家臣たち

直政が家康のもとに出仕するにあたり、松下清景が養父として後見したが、それ以外にも出仕当初から直政を支えた者がいる。彦根藩士の履歴史料「侍中由緒帳」・「貞享異譜《じょうきょういふ》」（いずれも『井伊』）・「御侍中名寄先祖付帳」（『木俣』）などに拠り見ていく。

中野直之《なおゆき》は、父直由から引き続き井伊氏一門として井伊氏の政務に関与していたと思われる。その由緒には、「直政様世に御出なされ候て又右衛門（直之）方へ有り付き申し候よし」（「御侍中名寄先祖付帳」）とあり、家康へ出仕した後の直政が直之宅に居住していたと理解できる。少なくとも、直政の出仕当初からその傍らに直之がいたことは間違いないだろう。

「井伊家伝記」には、直政の出仕時に小野亥之助《いのすけ》が御供したとある。小野氏は井伊氏家老の家柄である。亥之助の母は奥山親朝の娘であることから、直政の従兄弟となる。

そのほか、父直親の家臣であった今村正実《いまむらまさざね》・正躬《まさみ》兄弟や、先祖が井伊直盛に奉公していた内山正辰《うちやままさたつ》も、直政の出仕と同時にその家臣となった。

家康へ出仕してから二・三年以内に家臣となったという由緒を持つ者には、松居清易《まついきよやす》ら四兄弟、渡《わた》辺昌元《なべまさもと》がいる。

松居は遠州二俣《ふたまた》城主松井宗信《むねのぶ》の孫という。宗信は永禄三年の桶狭間の戦いで討ち死にした今川方の国衆として存在が確認できる。桶狭間の敗戦の後、今川の勢力が弱まると、二俣城は徳川と武田の勢力争いの舞台となり、松井一族の者は両勢力それぞれにわかれて従属している。清易自身が井伊谷で生まれたという由緒をもつため、清易ら兄弟は松井氏の嫡流ではなく、父の時代から井伊氏の配下にあり、井伊谷周辺に居住していたのではないだろうか。あるいは、父が松井氏の証人《しょうにん》（人質）として井伊氏のもとに送られていたかもしれない。清易は、後述する天正七年の天龍河原《てんりゅうがわら》の陣で一番槍の武功を挙げたということから、そのときまでに直政の家臣となっている。

渡辺昌元は、遠州須々木領司渡辺大炊介昌遠《まさとお》の嫡子で、遠州横須賀《よこすか》に生まれて大須賀康高《おおすがやすたか》に奉公していたが、父の跡目相続の際に不足があり、暇《いとま》を申して大須賀家を立ち去り、井伊家に召し出されたという由緒をもつ。「侍中由緒帳」には、家康から直政に付けられたとある。天龍河原の陣に御供しているため、天正七年より前に付けられたと考えられる。父祖以来代々の家臣以外で直政に仕えた初期の家臣といえよう。

また、直政と親族関係にある奥山朝忠《ともただ》や酒居《さかい》忠常《ただつね》・忠政《ただまさ》もこの頃に直政の配下に入っている。朝忠は直政より一歳年下で、十六歳のとき、つまり天正五年に直政に召し出されたが、「貞享異譜」には「御客分にて召し寄せ」られたとある。従兄弟であって従者ではないというのが、この表現にあらわれている。忠常も、天正七年頃に「当分御客分」として召し出されたという（「貞享異譜」）。

天龍河原の陣の後、天正十年の甲州若神子《わかみこ》の陣までには、次のような者が直政の配下に入っていることが確認できる。

伊平正直《いだいらまさなお》は、直政の側役を務め、天正十年の若神子の陣以来、直政の出陣に御供している。伊平氏は引佐郡伊平（浜松市北区）を名字の地とする一族で、「御連枝《ごれんし》」「御家門筋《ごかもんすじ》」と称されている。井伊氏と姻戚関係があり、系図上は井伊氏と同族とされており、『寛永系図』（系図1）では「井平」と記されている。

長野業実《ながのなりざね》は、上州箕輪城主長野美濃守業正《なりまさ》の子出羽守業親《なりちか》の嫡子で、直政が業実の母のことを知っていたため、直政の口添えで家康の近習となり、その後、直政の小姓を務めたという由緒をもつ。箕輪城主として長野業政は実在するが、父業親はほかの史料では確認できない。傍流と思われ、長野氏が滅亡したあと業実は浜河《はまかわ》、匂坂《さきざか》と名字を変えたという。父は、浜河出羽という名で武田氏に仕えていたようである。甲州若神子陣から従軍しており、天正十年までには直政に仕えていた。

このほか、天正十二年頃までに直政の配下にあった者を一覧にした（表1）。ただし、ここに示しているのは、彦根藩士や幕臣として家が継承されており、その由緒書・系譜などの史料が現存する者に限る。このほかにも存在したと思われる。

表1　井伊直政の初期家臣

名前・通称	諱	出身	先祖出自、旧主	役職	備考
天正三年　直政召し出し　～　天正四年　遠州芝原の陣					
松下源太郎	清景	遠江頭陀寺	頭陀寺城主		
小野亥之助→万福→源蔵	朝之	井伊谷	井伊氏家老の家		直政が家康に出仕した際に御供
中野又右衛門→越後守	直之	井伊谷	井伊氏一門		
今村藤七郎→源右衛門	正実	遠江	父は直親の家臣	側役のち目付役兼帯	
今村小兵衛	正躬	遠江	父は直親の家臣		正実の弟
内山弥太之介→九左衛門	正辰	信州内山	先祖は井伊直盛に奉公		今村家についでの譜代
天正四年　遠州芝原の陣　～　天正七年　天龍河原の陣					
奥山六左衛門	朝忠	遠江奥山	奥山城主		客分として召し寄せられる
酒居三郎兵衛	忠常→勝正	遠江	御一家筋		父は酒居大膳亮忠敏、当分客分として召し寄せられる
酒居又左衛門	忠政	遠江	御一家筋	側役	父は酒居美作守忠員
松居武大夫	清易	井伊谷	先祖は二俣城主松井氏		天龍河原の陣で一番槍の高名
松居善兵衛	清高	井伊谷	先祖は二俣城主松井氏		清易の弟
松居宗十郎	清虎	井伊谷	先祖は二俣城主松井氏		清易の弟
渡辺九郎左衛門	昌元	遠江	大須賀康高家臣		
天正七年　天龍河原の陣　～　天正十年　甲州若神子の陣					
伊平権左衛門→片桐権之丞	正直	遠江伊平	御連枝、家門筋	側役	
菅沼次郎右衛門	忠久	遠江	今川家臣→井伊直親配下		井伊谷三人衆

長野伝蔵→十郎左衛門	業実		箕輪城主長野業正の孫	小姓	業実母を直政存知により家康近習→直政に召出
小野田小次郎→彦右衛門	為盛	三河小野田	今川被官		「由緒帳」では長久手前に附属
天正十年 甲州若神子の陣 ～ 天正十二年 長久手の陣					
木俣清三郎→清左衛門	守勝	三河岡崎	徳川直臣	甲州侍の物頭	
西郷藤左衛門→伊予	正員	三河西郷	徳川直臣	家老格、町奉行	
椋原次右衛門→対馬	正直	三河	徳川直臣	筋奉行	
菅沼郷左衛門	三房	井伊谷			
鈴木石見守	重好	三河	徳川直臣		父重時が井伊谷三人衆
近藤石見守	秀用	三河宇利	徳川直臣		父康用が井伊谷三人衆
三浦与三郎→与右衛門	元成	駿河	今川家臣→徳川直臣		
三浦十左衛門	安久	駿河	今川家臣→徳川直臣		
三浦五郎右衛門	高連	駿河	今川家臣→徳川直臣		安久の弟
三浦小次郎→次郎兵衛	元定	駿河	今川家臣→牢人		
河手主水	良則	三河武節	武田→徳川直臣		
芦名助兵衛	元勝	駿河	今川家臣→牢人		
武田旧臣			武田→徳川直臣		
傑山					龍潭寺の僧
昊天					龍潭寺の僧
年次不詳					
戸塚左太夫	正長	遠江戸塚	今川家臣→徳川直臣		
向坂七平→作太夫	長知	三河岡崎	徳川直臣	側役	
竹原与五兵衛	盛行	駿河	今川家臣→徳川直臣		

井伊直政の召し出しから天正十二年の長久手合戦までの期間に、直政の家臣または配下に附属されたことが確認できる者を集めた。主に「貞享異譜」に拠り、「侍中由緒帳」「寛政譜」「井伊家伝記」なども参照した。長久手合戦までには配下に入っているが、時期に諸説あり区分しがたい者は「年次不詳」に区分した。名前の↓は、改称を示す。

父祖ゆかりの初期家臣・同心

直政の初期家臣・同心を一覧にすると、当初は父祖の時代から井伊氏とつながりのあった者で占められ、次第に家康の直臣が付けられるようになっていったことがわかる。

では、彼らが父祖の時代の井伊氏とどのような関係にあったのかを見ていきたい。

近年、戦国時代の地域権力についての研究が進展してきており、中でも「国衆《くにしゅう》」という概念が黒田基樹氏らによって明示されている。一定領域の支配権を掌握していた地域権力で、戦国大名との関係でいえば、所領支配を認められ、その代わりに大名の命令する軍事動員に従うが、家臣ではなく従属するという関係である。井伊氏は、戦国大名今川氏の領国のうち西遠江を領した有力国衆であり、周辺の者を組織してその軍事動員に応じた。

国衆井伊氏配下の組織は、同時代史料で具体的に判明するわけではないが、当時の戦国大名や国衆の組織は一般的に一門、家臣のほか同心・与力《よりき》らによって構成されていた。同心とは、周辺に勢力をもつ中小の国衆を統制下に編制したものである。軍事行動をとるには指揮官のもとで集団を組織する必要があり、有力な国衆の配下に中小国衆が入って軍事上の一単位とした。今川氏が井伊氏に軍事動員を命じると、井伊氏は一門・家臣に加えて同心である周辺国衆を率いて「井伊衆」を組織して出陣することになる。同心の軍功は、井伊氏を通じて今川氏に上申された。このような国衆と同心の関係は軍事行動に限ったものではなく、政治的にも大名と同心の間を仲介していた。

奥山城を本拠とする奥山氏は、桶狭間の合戦で井伊直盛の配下として出陣し、討ち死にしている。奥山氏は直政にとって母の実家であり親族という側面があるが、桶狭間の出陣時点の関係では井伊氏の同心衆とみなすことができる。

井伊谷三人衆の一家である鈴木氏は、三河山吉田《やまよしだ》（愛知県新城市）を本拠とし、今川氏の配下にあった。現存する今川氏真判物《はんもつ》によると、永禄四年には宇利《うり》城の近藤康用《やすもち》を味方につけ、井伊谷へ申し合わせて軍事行動をとっている。また、永禄六年にも調略によって三河山中・大野郷の百姓を味方につけた戦功を井伊谷を通じて氏真へ報告している（「水戸鈴木家文書」）。これらのことから、鈴木氏は軍事的に井伊氏の配下に編制されていたことがわかる。鈴木氏は天文二十二年（一五五三）に今川に服属しているが、今川はすでに存在する軍事組織に組み入れるにあたり、隣接する井伊氏の配下に入れたと考えられる。

井伊直盛・直親が死去した後の井伊氏では、成人男子の当主が不在となっていたが、井伊直平や中野・新野が陣代を務めていたように、「井伊衆」という軍事組織が解体されたわけではない。また、国衆井伊氏による地域統治も引き続いて行われており、井伊氏の行政組織は存続していたと考えるべきである。

それを担っていた者について、後世に記された由緒ではあるが、家康が遠江に進出した永禄十一年当時、井伊谷を守っていた者は、家康を井伊谷へ誘導した「井伊谷三人衆」の菅沼忠久《ただひさ》・近藤康用・鈴木重時《しげとき》と、小野、松下、松井、中野の七氏であったと伝える（『譜牒余録《ふちょうよろく》』「菅沼主水」の項）。小野氏は井伊氏の家老、中野氏は一門の中野直之、松下氏は松下清景であろう。松井氏は松居清易らの父で井伊谷に居住していた人物と思われる。菅沼忠久も父と共に井伊直親に属していたという由緒をもつ（『寛政譜』）。

このように、「七人衆」の伝承はほかの史料とも齟齬は見られない。そのことから、家康が進出してくる直前頃の井伊氏では、一門・重臣・同心の「七人衆」が中核となって政務をみていたと推測できる。そうであればこそ、同心のうちの三人が徳川方に寝返り、その軍勢を井伊谷へ引き入れることができた。井伊谷出身ではない彼らを「井伊谷」三人衆と呼ぶのも、このとき井伊家中に勢力を築いていたからではないだろうか。

井伊谷三人衆は、直政の召し出し当初は附属されず、家康の直臣として活躍している。彼らは軍事的能力に優れていたため、その能力を生かすには軍事的に重要な場所に配置するのが有効であると考えられたのであろう。その頃、奥三河が武田との戦いの最前線になっており、その地を本拠とする彼らが置かれた。その後、直政が侍大将に抜擢されて部隊を組織することになったときに、彼らは直政の備えに付けられた。先代よりの井伊氏との関係を生かしながら、彼らの軍事能力も発揮できるところにうまく人材を配置したといえよう。

このほか、井伊氏譜代の家臣で直政に仕えた者として、今村氏や内山氏がある。今村氏は直親の家臣であったが、直政の幼少期は別の者に仕官しており、直政が家康に仕えることになると、すぐに旧主のもとに戻ってきた。また、直政と親族関係のある奥山・伊平・酒居なども、早くから直政の配下についている。彼らは「御家門筋」、「客分」として直政に従ったとあることから、従者ではなく親族・一門という立場で直政に従属した。

このように、直政の仕官当初にその配下にあった人物の特徴を見ていったところ、国衆井伊氏の一門・同心・家臣という関係にあった者であることが確認できた。

井伊氏の継承者として出仕する

出仕をはじめた当初の直政には、父祖の代より井伊氏周辺にいた者が近侍していた。このことは、旧来の井伊氏一門衆・同心衆が直政を家康に出仕させて井伊氏を再興しようと画策し、出仕した直政を支えたという見方もできる。「井伊家伝記」では、直政の出仕は次郎法師とその母、龍潭寺住職の南渓が相談して決めたとあるが、彼らだけでは徳川方との交渉をはじめとした実務的な諸準備を整えることはできない。すでに徳川に臣従していた井伊氏ゆかりの者が徳川方と交渉してお膳立てをした結果、直政の出仕が実現したとみるほうが現実的である。松下氏を養父として直政の後見とすることも、出仕準備の一つとして進められたと考えられる。

これは、直政一人が家康に臣従したということを超える意味を持つ。直政は、国衆井伊氏の正当な継承者として徳川家中に入ったことになる。直政が井伊氏の旧領に対してどのような権限を持ったか、所領支配の点では検討を要するが、井伊氏一門衆・同心衆との関係では、父祖の時代のものを継承している。彼らを統率する国衆井伊氏の系譜を引く者として、周囲の者が直政を家康に出仕させたのである。

ただ、直政のこのような処遇に賛同できない者もいたようである。次の書状はそれを示唆する。

弓矢八幡〳〵我々儀はおや《（親）》にて候物のしん《（親）》類も一人もなく候まま、ない〳〵《（内々）》はたの《（頼）》みいり候はんかくご《（覚悟）》にて候、少も〳〵かやうなる儀候はず候、なに《（何）》事を申すも存ぜず候、先日かやうなる儀そと女の申し候をうけ給り驚きいり申し候、それに御かまいなく御出候て御遊候べく候、無沙汰申すまじく候〳〵、兵助くはしく申すべく候

一筆申し入れ候、然らば以前御許に御往き候由候間、存ぜす候て本意に背き候、仍《よっ》て御許へ御越の刻は折ふし《（節）》御立寄候て給うべく候、他所へさへ御越候に我々かたへは御越候ても苦しからず候、随て我々母にて候物はさやう《（左様）》なる事少しもこれなく候、奥山年寄女儀に候ていかやう《（如何様）》な儀をも仰せられ候、少しも〳〵我々御等閑これなく候、折節は御出候て御なつかしく念願せしめ進《まいら》せ候、かしく

酒井三郎右衛門殿　　井万

御報

【現代語訳】

一筆申し入れます。さて、以前あなたが家康様の許へ行かれたとのことですが、それを知らず残念なことです。よって、家康様の許へお越しのときには折節御立ち寄りいただきたい。他所へさえお越しになるのに、私のほうへお越しになってもかまいません。それゆえ、私の母はそのよう

なことは少しも思っていません。奥山の年寄女のことで何かおっしゃっていましたか。私はなおざりには思っていません。折節お越しいただいて、なつかしく会うことを願います。

（追って書）

誓って、私には（父方の）親の親類が一人もいないので、内々に頼み入る覚悟です。少しもそのようなことはありません。何事を申すのも存じません。先日かような儀と（奥山）女が申したことを聞いて驚き入りました。それに構いなくお出でください。無沙汰なきように。委しくは兵助が申します。

本状の原本は確認できないが、明治時代には酒居氏が所蔵しており、釈文が現存している（『井伊』）。宛先の酒井三郎右衛門は直政の父方の親族である（酒居氏の名字はもともと「酒井」であったが、井伊家の家臣はいずれも主家を憚って「井」を用いず「居」に替えており、江戸時代には「酒居」と称している）。直政は酒井のことを頼りに思い、立ち寄ってもらって対面したいと思っているが、「奥山年寄女」がそれを妨害するようなことを吹聴しているらしい。「御侍中名寄先祖付帳」でも、奥山朝忠は実母と縁を切って直政のもとに出仕したという記述があり、直政と奥山の母らとの間に感情的な対立があったことがうかがえる。その要因を読み取ることはできないが、自分の息子と同世代の直政が井伊衆の旗頭とされ、息子（奥山朝忠）がその配下に入ることに対する反発があったのかもしれない。一部には直政のことを快く思わない者がいたにせよ、直政が国衆井伊氏の後継者として徳川に臣従し、直政のもとで井伊衆が統括されて徳川配下に入ることとなった。

芝原の初陣と天龍河原の陣

近習時代の直政の具体的な行動については、初陣《ういじん》をはじめとする出陣の記録が確認できる。武家にとって、初めての出陣となる初陣は特別なものであった。そのため、その由緒・経歴を記す際に特記されることも多い。直政の場合、近世初期に著された「井伊氏族系図伝記」以来、各種史料に記されている。

「井伊氏族系図伝記」には、天正四年（一五七六）、武田勝頼《かつより》が高天神《たかてんじん》（静岡県掛川市）に発向してきた際に柴原《しばはら》（芝原）で合戦があり、「自身高名、大権現様御感斜めならず」と記される。「井伊家伝記」や「井伊年譜」には、芝原の合戦で家康が陣営で休息していたところ、夜中に敵の間諜《かんちょう》の近藤武助という者が忍び込んできたのを直政が見つけてこれを討ち取ったため、家康はこの武功を喜んで加増したという逸話が加えられている。加増された高は、「井伊家伝記」では十倍の三千石に、「井伊年譜」では一万八千石が加増されて直政は二万石取になったと記す。

この頃、徳川家康は甲斐の武田氏と対立関係にあった。その主要な攻防の場となったのが高天神城である。高天神城は、今川氏の領国であった時代にはその配下にあった小笠原《おがさわら》氏が城主であったが、永禄十一年（一五六八）に徳川家康と武田信玄の軍事行動によって今川氏が滅亡すると、高天神城の小笠原氏は徳川へ降参した。その後、天正二年に武田勝頼が高天神城を攻め落とし、同城は武田方の城となっていた。それに対して、徳川方は周辺に横須賀城（静岡県掛川市）などを築き、相手の軍事行動に対応するためしばしば兵を出している。家康自身も天正四年春、天正五年などに芝原へ出陣し

高天神城跡　静岡県掛川市

たとの記録が残る。

天正四年春には、武田方が高天神城に兵粮を入れようとして勝頼が兵を向けたのに対し、家康自身が出陣して芝原に兵を置いた。このとき、武田方は高坂《こうさか》弾正忠が諫め、徳川方も内藤正成《ないとうまさなり》が諫めて交戦は避けられた。わずかに、渥美勝吉《あつみかつよし》が夜に忍んで相良《さがら》城（静岡県牧之原市）へ物見に行った帰りに敵兵に会って討ち、その首を芝原にいる家康に献じたという話が残っている程度である（『朝野』）。このとき、芝原には家康家臣が出兵していることから、直政もその一員として初陣を飾っていたとしても不思議ではない。ただ、ここでは交戦はほとんどなかったため、合戦で活躍する機会はなかったようだ。また、直政が敵の間者を討ったという話はほかの史料では見あたらない。

直政の初陣については、別の説もある。天正六年三月には、これも武田勝頼に対するため、家康は大井川《おおいがわ》に陣して駿河田中城（静岡県藤枝市）を攻撃したが、このとき、直政は十八歳にして初めて陣に臨み、菅沼定政が初召の鎧を着けさせたという逸話が残っている（「大三川志」「武徳編年集成」〈『朝野』〉）。また、このときの戦いぶりについて、「井伊直政年十八、毎出戦必ス人ニ先タツ、衆コレヲ称シテ勇傑ノ器也と云フ」（「武徳大成記」〈『朝野』〉）と、戦場で直政の奮戦ぶりが書き留められている。

同様の戦いぶりは、翌天正七年四月に家康が田中城へ向けて兵を出した際にも叙述され、「井伊万千代丸若年ナレトモ毎度先ヲ掛ル諸人是ヲ感シケル」（「遠州高天神軍記」〈『朝野』〉）とある。一年違いの戦いで酷似した表現がなされたのは、ここに記されているとおり、どちらの戦いでも直政は人より先に進み出て戦ったのかもしれないが、この頃は毎年のように高天神城周辺に出陣していたため、年代が特定できない逸話をその可能性のある叙述の中に挿入したのかもしれない。

天正七年に直政が出陣したとする記述はほかにもある。彦根藩士の由緒書では、直政主従は芝原の初陣の次には天龍河原の陣に出陣したとされる。その年代は、「貞享異譜」松居武太夫の項に天正七年とある。同年四月から五月にかけて、家康は馬伏塚《まむしづか》城（静岡県袋井市）から田中城方面へ出馬しており、武田方との交戦もあった。このときの記録に天龍河原での合戦に関する記述は見当たらないが、いくつかあった衝突の一つであろうか。この合戦で、松居武太夫清易は一番槍《いちばんやり》の武功を挙げて加増されたという。

なお、徳川方は天正九年にようやく高天神城を攻め落とすことができた。このときの戦いでの直政の活躍として、享和元年（一八〇〇）に幕府へ提出された「井伊家系譜」（『井伊』、増補版が『新修彦根市史六巻』1）では、「直政が間諜をもって用水を切り落としたのですみやかに落城した。また、大手坂中にある与左衛門曲輪において高名した」とある。しかしながら、この事績については、江戸時代初期以来著されてきた直政の系譜・事績書には見あたらず、同年の合戦を記した諸記録にもこのような直政の活躍は触れられていない。この武功については、江戸時代になってから創作された逸話が混入してしまったと判断するのがよいだろう。

この頃の直政の活躍についてはいくつも叙述が残っているが、逸話として創作された内容を含んでおり、どこまでが史実であるか峻別しがたい。確実に言えることは、日常的には浜松に居住して浜松城主の家康に近侍しており、家康が出陣した折にはそれに御供し、配下の者を指示して敵と交戦する機会もあったが、基本的に本陣に配され、馬廻りとして主君を護衛する役割にあったという程度であろう。

初陣の際に活躍して知行が加増されたという話も、いかにも江戸時代に創られた逸話といえる。まず、当時は領地を石高ではなく貫高で示しており、同時代の表現ではあり得ない。天正四年の加増で三千石または二万石取になったというが、三千石といえば近藤季用が関ヶ原合戦後に井伊谷に拝領した所領が三千石余であり、その後近藤家に与えられた所領の合計でも一万七千石程度である。このような江戸時代の井伊谷の石高をもとに、家康家臣となった直政に本領支配が認められたと表現したかったのであろうか。この頃の直政（井伊氏）が本領に何らかの権益を有していたことを窺わせる史料はあるが、具体的なところはわからない。直政本人は浜松におり、井伊谷の所領支配にはたずさわっていないため、天正四年の所領加増を史実とみなすのは難しい。

第三章　運命を変えた天正十年の動乱

生涯屈指の節目の年

天正十年（一五八二）という年は、全国的に見ても大きな転換の年であったが、直政個人にとっても節目となる年であった。

まず、天正十年三月、甲斐の戦国大名武田氏が滅亡するという、おそらく同時代の人々も想像していなかった大事件が起こった。天正元年に武田信玄が死去した後も、武田氏は遠江の高天神城を死守しており、家康はその攻略に力を注いでいた。徳川勢は数年をかけて高天神城を取り囲むように城や砦を築いたうえで、天正九年に高天神城を包囲したところ、勝頼はこれに援軍を出せずに落城させてしまったが、このような勝頼の行動は家臣からの信頼を失わせることとなる。そのようななか、織田信長は武田氏へ兵を向けようとして、信長家臣や同盟関係にある家康が武田家臣への調略を進めたところ、多くの家臣が離反したのであった。

その中に穴山梅雪《あなやまばいせつ》がいる。穴山氏は武田氏の一門衆で、梅雪の母は武田信玄の姉、妻は信玄の娘と、武田宗家と縁組関係を重ねており、武田一門でも有力な家であった。ところが、梅雪は勝頼に自身の意見が受け入れられず対立したこともあり、家康の調略に応じたのであった。

梅雪の謀叛は勝頼に最終的な打撃を与える。このあと、ほとんどの家臣が勝頼のもとから離反していき、進軍してくる織田軍を迎え討つことなく、天正十年三月十一日、武田氏は滅亡した。

武田領の甲斐・信濃・上野には信長家臣が入ったが、六月に信長が本能寺《ほんのうじ》で討たれたことにより、武田旧領へは徳川・北条・上杉が兵を向け、同年十月末に和睦するまで数か月にわたり争乱を繰り広げた。この争乱は近年、平山優氏によって「天正壬午《てんしょうじんご》の乱」と名づけられ、各勢力の関係や乱の経過が明らかにされている（平山二〇一五）。この乱で直政は初めて重要な任務を与えられたが、それらが乱全体の中でどのように位置づけられるのか、平山氏の研究に拠りながら確認していきたい。

本能寺の変と「伊賀越え」

天正十年五月十五日、家康は穴山梅雪を伴って安土城《あづち》（滋賀県近江八幡市）に赴いた。新たに臣従した梅雪が信長の居城へ伺候して臣下の礼をとったのである。両名は安土城で接待された後、信長家臣の長谷川秀一《はせがわひでかず》を案内役として京都・大坂を見物し、堺に入っていた。六月二日、堺から信長のいる京都に戻ろうとした道中で、家康のもとに本能寺の変の一報がもたらされた。このとき、家康は軍勢を引き連れていたわけではなかったため、政権が崩壊したとなると野盗に襲われる危険性があったが、急ぎ南山城から甲賀、伊賀、伊勢と抜けるルートを通り、いわゆる「伊賀越え」によって無事本国の三河まで戻ることができた。

伊賀越えの様子を詳しく記した史料として、「石川忠総留書《いしかわただふさとめがき》」（『大日本史料』第十一編之一）がある。

著者の石川忠総は石川康通《やすみち》の養子で、大久保忠隣《おおくぼただちか》の実子という人物である。養父・実父とも伊賀越えに同行しており、彼らから情報を得て著したものである。後世の聞書であるため、厳密な正確性は求められないが、人名・地名など、この史料からしかわからない事柄も多い。この史料には家康に御供していた家臣の名が列記されており、「御供」として酒井忠次《ただつぐ》、石川数正《かずまさ》、本多忠勝《ただかつ》、榊原康政《さかきばらやすまさ》ら二十二名、このほか「御小姓組」十二名に鳥居《とりい》おまつ（忠政《ただまさ》）・内藤新五郎（正成か）・永井《ながい》伝八（直勝《なおかつ》）とともに「井伊万千代」の名がある。ここから、直政は家康の安土・堺行きや伊賀越えに小姓として同行していたことがわかる。

伊賀越えでの直政の行動について、「井伊年譜」には、本能寺の変の後、家康は弔い合戦をしようとしたが、直政と長谷川秀一が諫めて国元へ戻ることを勧めたと記されている。一方、「井伊氏族系図伝記」や「井伊家系譜」では、直政と長谷川の計策により宇治田原《うじたわら》の山口甚介、信楽《しがらき》の多羅尾《たらお》四郎兵衛が家康に忠節を尽くして家康が無事帰国できたとする。

これらは江戸時代の井伊家中で著された史料のため、第三者による客観的な史料と照合してみよう。前述の「石川忠総留書」には、先に京都に向かっていた本多忠勝が茶屋四郎次郎《ちゃやしろうじろう》から本能寺の変を聞いて家康のもとに戻ると、家康は酒井忠次、石川数正、榊原康政、井伊直政、大久保忠隣を集めて四郎次郎からの報告を聞き、このうえは京都の知恩院《ちおんいん》へ向かって信長に殉死しようということになり、京都へ向かったが、半里ほど進んだところで先を進んでいた忠勝が戻ってきて御供の衆と相談して、三河へ帰国してから軍勢を整えて弔い合戦をするようにと家康を説得したという。また、『譜牒余録』

「永井万之丞」の項）では、京都へ向かうのをやめて三河へ戻ることを相談したのは忠勝と酒井、石川、榊原という。

　このとき、直政は小姓の一人でありながら重臣の列に加わっていたのであろうか。「石川忠総留書」は後世の聞書のため、のちに重臣の一員となった直政が、このときすでに本多忠勝や榊原康政と同列にあったと誤認したのかもしれない。あるいは、実質的には小姓（側仕えする少年）を超えて成人の扱いを受けており、帰国の評議に加わっていた可能性もあるが、若年の直政がこの評議を主導したとは考えにくい。「井伊年譜」の記述は、そのまま理解するよりも、家康に帰国を勧めた家臣の中に直政もいた、と理解するのがよいだろう。

　一方の、宇治田原の山口甚介、信楽の多羅尾四郎兵衛が直政と長谷川の計策により家康に忠節を尽くしたという件についても、諸史料を見ておきたい。

　六月二日、帰国の途についた家康一行は、その日のうちに宇治田原に到着し、城主山口甚介のもとで一泊している。『譜牒余録』（「山口藤左衛門」の項）によると、一行が到着する前に長谷川秀一が宇治田原城へ向かい、城主山口甚介に道中の警固をするよう頼んだところ、甚介の養子である藤左衛門が迎えに出て人馬を準備し、一行は二日の夜に宇治田原城で一泊した。また、藤左衛門の実父は信楽城主多羅尾四郎兵衛であったことから、藤左衛門は多羅尾氏へ飛脚を遣わしたとある。

　翌三日、家康一行は信楽の小川に宿泊したが、ここでの宿泊や翌四日の道中は多羅尾氏が世話したという。のちに、多羅尾氏は秀吉により所領を没収されてしまうが、家康にその旨を伝えたところ、直政が信楽へ下されて懇ろの趣を承り、天正十九年に徳川家に取り立てられたという（『甲賀市史』第八巻）。

　このように、後世の記録ではあるが、直政と多羅尾氏との間に接点があったことが語られている。この表現からだけでは、伊賀越えの際に多羅尾氏を味方につける計策を直政が行ったとする「井伊氏族系図伝記」や「井伊家系譜」の説の傍証にはならないが、このとき直政も家康一行の一員として多羅尾氏のもとに宿泊し、その際に何らかの関わりを持ったことは間違いない。

家康から拝領したと伝わる孔雀尾具足陣羽織　長岡市与板歴史民俗資料館蔵

　この伊賀越えには、のちに直政の家老となる木俣守《きまたもり》勝《かつ》も同行している。守勝の伝記（「木俣土佐守守勝武功紀年自記」〈『木俣』〉）によると、伊賀山中で家康の食事の用意ができていないため、守勝は食べ物を求めて走り廻り、餅を撞いている家があったので入ってそれを求めてその礼に金の笄《こうがい》を渡したという。伊賀越えに際しては、家康家臣それぞれが安全確保や食糧調達のため働いており、その一員であった直政や守勝も尽力したことが、由緒として伝わったと考えられる。

　帰国後、直政は領地に無事帰国できた褒美として家康から孔雀尾《くじゃくお》の陣羽織《じんばおり》を拝領したと伝わる。この陣羽織と伝えるものが直政嫡子の直継の家系に伝来し、今も与板（新潟県長岡市）に伝わっている。

武田氏旧領をめぐる北条との争い

家康は六月四日に無事領国へ戻ると、信長の弔い合戦をするために兵を整えて上洛する準備を家臣に命じ、十四日に出陣した。しかしこれは、本気で上洛しようとしたというよりも、信長の同盟者として形だけでも弔い合戦に出陣したという実績を残そうとしたものと考えられている。それよりも家康が気にしていたのは、武田旧領であった。

武田勝頼が滅びた後の武田旧領は、甲斐国に河尻秀隆《かわじりひでたか》、上野国に滝川一益《たきがわかずます》、信濃国に森長可《もりながよし》、毛利長秀《ながひで》といった織田信長家臣が入り、領国統治を始めていた。一般的には、新たに領主となった者は地元の武士を臣従させて良好な関係を築き、新領地の支配に役立てることが多いが、織田政権の場合、武田遺臣の国衆や土豪をほとんど家臣に取り立てておらず、武田遺臣への対応は厳しかったようである。そのため、信長の家臣たちは本能寺の変によって信長という後ろ盾を失うと、地元の武士たちから激しい反撃を受けることとなった。上野国では、滝川一益に対して地元の国衆らが叛乱を起こしたうえ、小田原の北条氏が上野へ侵攻してきたため、滝川は新たな領地を支えきれず、本拠地の伊勢長島に逃げ帰った。森長可も地元の勢力に襲撃され、所領を放棄して本拠地に帰らざるをえなかった。河尻秀隆に至っては、地元の勢力の襲撃にあって命を落としている。

新府城跡　山梨県韮崎市

武田旧領から織田の家臣が退くと、国内は統制のとれない状態となり、地元の国衆らは周辺の大名を後ろ盾としようと、それぞれが思惑をもって動き始めていた。周辺の大名、すなわち徳川家康、相模の北条氏直《うじなお》、越後の上杉景勝《うえすぎかげかつ》も、彼らに呼応するように政治工作や軍事行動を開始した。家康が上洛の準備を整える一方で、家臣を甲州へ派遣して武田旧臣との交渉を始めたのは、このような状況に対応するためであった。

家康は七月二日に甲斐に向けて出陣し、甲府に入ると、地元の国衆や土豪らそれぞれに対して、徳川方に従属するよう交渉を進めた。一方、北条氏直も上野から信濃へと進出していたが、上杉景勝が越後から信濃へ進出してきたため、北条勢は進路を変更して甲斐に入ってきた。これにより、すでに甲斐に進出していた徳川方と衝突することになる。

北条勢は二万とも四万ともいわれる大軍を率い、若神子《わかみこ》城（山梨県北杜市）に大将北条氏直の本陣を置いた。一方の徳川勢はわずか数千の兵力であったが、家康は甲府から新府《しんぷ》城（山梨県韮崎市）へ本陣を移し、両軍が対峙した。北条勢はこれに加えて一万の軍勢を小田原から甲斐へ送った。八月十二日、この援軍が御坂《みさか》城（山梨県富士河口湖町）に入り、御坂峠から徳川勢のいる甲府盆地に向けて攻め入ると、徳川方はわずか一五〇〇の兵であったが黒駒《くろこま》(山梨県笛吹市)でこれを迎えた。これだけの兵力差がありながら、徳川方は御坂城勢を敗走させる大勝利を得た。その理由は、北条軍は各地に兵を分散させていたことや、兵力の圧倒的な差のため油断があったほか、徳川方が地元の武士や村々を味方につけたことが挙げられている。

この後も徳川軍と北条軍は局所的な戦闘はあったが、全体としてはにらみ合いの状態が続いた。ただ、両軍の勢力について詳細を見れば、北条方は真田昌幸《さなだまさゆき》など一度は味方に付いた武田方の武将が離反していき、また、拠点が一つずつ徳川方に落とされて、台地上に布陣していた大軍の兵粮を補給するルートが絶たれてしまったが、黒駒合戦の敗北で士気が失われて脱出することもままならない状態になっていた。一方の徳川方も、織田政権から援軍が派遣されることになっていたが、ちょうどこの頃、政権内では織田信雄《のぶかつ》・羽柴秀吉と織田信孝《のぶたか》・柴田勝家《しばたかついえ》という対立構造が生じており、徳川方への援軍派遣は中止されて、信雄、信孝双方から家康に対して和解が勧告された。

この約三か月にわたる対陣は、江戸時代の彦根藩内の記録では若神子の陣、若神子百日御対陣と記されている。百日にもわたり若神子城の北条氏と対峙した合戦は、それに従軍した者の記憶に残る戦いだったのであろう。

和睦の使者への抜擢

和睦の交渉は十月二十日頃から始まったようで、北条方の和睦使者は北条氏規《うじのり》が務めた。氏規は当主北条氏直の叔父で、古くから徳川との交渉の取次《とりつぎ》を務めてきた人物である。一方、徳川方の和睦使者を務めたのが井伊直政である。

当時の一般的な和睦交渉では、双方の有力家臣などが使者となり、使者の間で条件などを協議して合意を得ることで和睦が妥結した。使者は重責を担うため、重臣から選ばれることが多いが、有名なところでは、大坂冬の陣の和睦交渉では阿茶局《あちゃのつぼね》（家康側室）と常高院《じょうこういん》（淀殿《よどどの》の妹、京極高次《きょうごくたかつぐ》正室）といった女性同士で和睦交渉が行われたことも知られている。

家康は、このとき二十二歳の井伊直政を和睦使者に抜擢した。直政は徳川方を代表して北条氏規と交渉し、和睦条件を取り決めた。その際の覚書《おぼえがき》が現存している（井伊達夫氏蔵、『新修彦根市史六巻』2）。直政が自筆で五か条の条件を記し、それに対する回答が北条方によって書き込まれている。

一、御ゐんきよ（隠居）様御せいくの事
家康へ給うべきの事
一、さたけ（佐竹）・ゆふき（結城）ゑひきやく（飛脚）御通なさるべきの事
これおおふしうへ御そうしやに
一、みなかわ方・水之屋両人御通候て下さるべき事
御馬入候て、御としあるべきの事
一、しよ（城）のおり（織部）へさいし（妻子）御渡下さるべく候事
一、あした（蘆田）かたへのひきやくの事
一、小田原へ御ひきやくの事

以上

十月廿八日

一、七郎右の儀、あわれ小田原までさしこされ候や、濃州一代御おん(恩)に請けらるべく候や仰せられ候事

（小さい文字が、北条方の書き込みである）

内容を見ていくと、一条目では、徳川方が御隠居である北条氏政《うじまさ》（氏直の父）に起請文《きしょうもん》を提出するよう求めたことに対し、北条方はそれを了承し、家康へ起請文を差し出すと回答した。二条目では、関東の大名へ飛脚を通行させるように、という徳川方の条件に対し、北条方は北条方と敵対する北佐竹《さたけ》氏（常陸の戦国大名、佐竹義重《よししげ》）、結城《ゆうき》氏（下総の戦国大名結城晴朝《はるとも》）といった北条方と敵対する北認めるとする。三条目では、下野の国衆皆川広照《みながわひろてる》、常陸の国衆水谷幡龍斎《みずのやばんりゅうさい》が北条領内を通行することを認めるよう求めており、それに対して北条方は馬での通行を認めるとする。四条目では、武田旧臣の城昌茂《じょうまさしげ》の妻子を渡すようにとある。城の妻子は北条方に捕らえられていたのであろう。この箇条には北条方の書き込みはないため、無条件で了解したと考えられる。五条目は、佐久郡蘆田の依田《よだ》信蕃《のぶしげ》に飛脚を遣わすとする徳川方の案に対し、北条方は小田原の北条氏政のもとへ飛脚を遣わすようにとする。これは、信州で対北条の主力として戦ってきた依田信蕃への処遇をここで即断せず、氏政へ確認するという意味と思われる。また、徳川方からの条件以外に北条方から申し入れたことが上部に書き込まれている。そこには、七郎右（大久保忠世《ただよ》）を小田原まで人質として差し出してもらえれば濃州（北条氏規）一代の御恩に思うとある。

なお、この覚書には和睦の根幹となる領地配分などの取り決めは記されていない。この和睦での基本的な合意事項は、甲斐と信濃は徳川、上野は北条という領地配分と、家康の娘が北条氏直に輿入れするという二点であった。直政らが交渉した時点では、すでにこの二点については合意されており、協議の対象とはならなかったのであろう。基本合意がなされたうえで、個別の具体的な事項について詰めの協議を行ったのが直政と北条氏規の交渉と位置づけられよう。

この覚書は直政家老の木俣守勝のもとに伝わったが、このときの経緯について、「木俣土佐守守勝武功紀年自記」では次のとおり記している。

> 同年（天正十年）冬、領国堺目争いの事により、上様（家康）また氏直と甲州新府において御対陳（陣）、その後御制、この御制使直政に仰せ付けらる、副使我に仰せ付けらる、直政自筆五箇条の覚書をもって我に渡さる、我すなわち氏直の陳（陣）に至り、問答しこれを陳説す、氏直点頭し制を受け互いに証文を取り御馬を入れらる、これをもって上様御領国相定まり、北条家と御縁組相調い御輿入あり、右五箇条の覚書我が家に所持す

家康は、北条氏直との和睦の使者を直政に命じたが、副使を木俣守勝に命じた。直政は自筆で記した五か条の覚書を守勝に渡し、守勝が氏直の陣へ出向いてその内容について問答を交わし、氏直がこの文書に合点《がってん》をつけてこの案を受け入れ、互いに証文を交わした、という。これを信用するなら、直政が記した和睦案を持参して、実際に北条方と対話したのは木俣守勝ということになる。

ただ、「木俣土佐守守勝武功紀年自記」は全体的に多少の誤認が見られることや、守勝の功績のみ

を記述するきらいがあるため、守勝がひとりで交渉を成立させたというより、使者の直政と補佐役の守勝の尽力で交渉を取りまとめたとするほうがよいだろう。

　ではここで、直政が和睦交渉の使者に取り立てられた意味を考えたい。まず、当時の直政の立場・役割を見ておくと、家康に近侍する役目は出仕当初から変わりなかったが、職務内容はこの頃変化してきていた。甲州に出兵した八月以降、臣従した甲州諸士へ下す領知朱印状《りょうちしゅいんじょう》の奉者としてその名が見える。奉者の役割については後述するが、奉者を務めたのは直政だけではないので、奉者と和睦使者が直接連動しているわけではない。ただ、この時点で直政は、主君の身の回りの世話をする小姓ではなく、政務に関わるようになり、成人の近習の立場にあったことがわかる。

　では、家康は直政のどのような点を評価して和睦使者に抜擢したのであろうか。使者に必要な能力などを考えてみたい。和睦使者に求められる能力の一つは、その場での判断力である。本陣から出て相手方の使者と交渉し、相手方から出される講和条件を受け入れるかどうか判断しなければならない。ある程度のことは事前に考えていたとしても、その場で相手方から出された条件に対してはその場で決断が求められる。相手が出してきた条件の意図や今後の影響を考え、承諾するかどうかを判断するのが和睦使者の役割としてある。

　講和使者の家格も重要である。使者は、その格が高いほど相手に対して厚礼と認識されており、相手が知らない無名の軽輩では使者は務まらない。また、交渉の場合は両者の格をあわせることも大事である。このことを考えると、北条方の使者である大将（当主）の叔父と直政は釣り合う人物だと理解されていたといえる。それは、使者を選ぶ徳川方で理解しているだけでなく、北条方がそのように判断する必要がある。直政はこのときわずか二十二歳で、実戦も外交も経験はないに等しい。そのような青年が使者として北条に受け入れられたのは、直政が井伊氏の当主だったからであろう。北条氏は長年にわたり今川氏と対立・同盟を繰り返しており、当然、今川氏配下にあった国衆井伊氏の動向も聞き及んでいる。その井伊氏の後継者だからこそ、直政は大名北条氏の一門と対等に話ができる人物として和睦使者に選ばれたと考えられる。

武田旧臣の帰属交渉

甲斐に進出した家康は、地元の武士たちを徳川のもとに帰属させる交渉を進めた。八月十二日の黒駒の合戦で圧倒的な兵力差がありながら勝利できたのは、徳川方が地元の者を味方につけたことが要因の一つではないかといわれている。直政も帰属交渉を担当した一人で、帰属交渉が成立した際に家康が甲州諸士に出した朱印状の奉者となっている。

この朱印状は、新たに従属することになった甲州諸士に対して、従来から保有している領地の権益をそのまま認めたものである。このような本領安堵状は、八月から十二月にかけて二百通以上確認されているが、それらは家康朱印の下部に「（家康家臣名）奉　之《これをうけたまわる》」と記されており、家康家臣の一人または二人が奉者となっている奉書形式をとる。奉者となった者は、直政以外に大久保忠隣、本多正信・高木広正《たかぎひろまさ》（連署）、岡部正綱《おかべまさつな》、榊原康政、成瀬正一《なるせまさかず》・日下部定吉《くさかべさだよし》（連署）、芝田康忠《しばたやすただ》らがいるが、

表2　武田旧臣に対する徳川家康朱印状のうち井伊直政が奉者となったもの

年	月日	宛所	書き出し	刊本	総目録No.	彦根藩井伊家文書No.
天正10	8月9日	窪田右近助	甲州持丸分弐拾参間貫文、	山梨一・三三七	三〇六	
天正10	8月9日	鷹野喜兵衛尉	甲州公文分拾八貫文、	山梨二下・一三〇	三〇七	
天正10	8月9日	長坂右近助	甲州塩郡之内拾五貫文、	家康上・三三七	三〇九	
天正10	8月9日	柳沢市右衛門尉	信州本領安堵之間、於甲州宛行知行之事			三一〇二二
天正10	8月10日	今井与三兵衛	甲州極楽寺分弐拾貫文、	新修二・四〇	三一二	
天正10	8月11日	山本弥右衛門尉	甲州甘利上条内拾五貫文、	家康上・三四〇	三一六	
天正10	8月11日	塚本喜兵衛	甲州手塚内五拾六貫文、	家康上・三四一	三一七	
天正10	8月20日	塩屋五右衛門	甲□□（州大）鳥居三拾貫文、	山梨一・一〇二二	三三一	
天正10	8月20日	山下内記	甲州下河原内弐拾貫文、	家康上・三五〇	三三二	三一〇三三
天正10	8月20日	前嶋又次郎	甲州鮎河分参拾五貫文、	家康上・三五二	三三三	
天正10	8月20日	住吉加賀美作蔵	今度於芦田、親候加賀美七郎右衛門尉討死	山梨一・三六五	三三四	
天正10	8月20日	小沢宮内丞	甲州浅利之内弐拾貫文、	山梨一・六九五	三三五	
天正10	8月22日	筒井管右衛門	甲州神名川之内弐貫文	山梨一・六四三	三三九	
天正10	8月24日	大村次左衛門	甲州倉科之内伍貫文、	家康上・三五七	三四三	
天正10	8月25日	内藤七左衛門尉	甲州竹井之内しつめ分弐拾五貫文、	山梨一・三五八	三四四	
天正10	8月28日	小林佐渡守	任先判形之旨、可為九一式同前、	静岡四・六四九	三四七	
天正10	8月29日	古屋与兵衛	甲州千野之内七貫文、	山梨一・五三二	三五〇	
天正10	9月15日	大森主税	甲州小石和郷七拾五貫文、	家康上・三七三	三六六	
天正10	11月2日	栗原内記	甲州本領之内栗原内三百拾九貫三拾文、	家康上・三七三	三八二	
天正10	11月3日	加藤五郎作	定　甲州上萩原之郷弐拾五貫文	家康上・三八六	三八三	
天正10	（11月5日）	石原孫三郎	甲州大下条之内八貫文、	山梨一・二八三	五三三	
天正10	11月7日	加賀美右衛門尉	甲州長井内拾四貫文、	家康上・三八八	三八五	
天正10	11月7日	石原新左衛門尉	甲州原之郷原主水分弐拾六貫六百六拾文、	家康上・三八九	三八六	
天正10	11月7日	塚原六右衛門尉	甲州田島内和田源介分五拾貫文、	家康上・三八九	三八七	

天正10	11月8日	金丸門右衛門尉	甲州島上条之内四貫文、	山梨一・一一三八	三八八	
天正10	11月8日	河西喜兵衛	甲州小笠原今宿市川町籾子類役共拾八貫文、	家康上・三九〇	三八九	三一〇二八
天正10	11月8日	岩下弥三郎	甲州堺沢之郷五拾貫文之事、	山梨一・一〇三三	三九〇	
天正10	11月9日	平原内記	甲州桃曽禰之内拾五貫文、	家康上・三九一	三九一	
天正10	11月9日	落合惣兵衛	甲州曲輪田拾三貫文、	家康上・三九二	三九三	
天正10	11月9日	原半左衛門尉	甲州東郡居尻之内七拾五貫文、	家康上・三九三	三九四	
天正10	11月9日	安部式部尉	甲州志田内拾参貫文、	家康上・三九四	三九五	
天正10	11月9日	小田切善三	甲州大石和内弐貫文、	新修二・五一	三九六	
天正10	11月9日	小田切雅楽助	甲州志田内土岐殿分五拾貫文、	新修二・五二	三九七	
天正10	11月9日	大鳥居土佐	甲州野牛嶋郷内弐拾五貫文、			三一〇二七
天正10	11月10日	矢田儀左衛門	甲州小石和内諏訪分弐貫五百文、	山梨一・七七二	三九八	
天正10	11月17日	神戸平六	甲州長塚之内三拾四貫文、	家康上・三九六	四〇〇	
天正10	11月26日	三浦与三郎	駿州竹山内拾壱貫文	焼津二・五八一	四〇九	
天正10	11月26日	三浦弥一郎	駿州吉河之内七拾貫文、	家康上・四〇二	四一〇	
天正10	11月27日	武藤嘉左衛門尉	駿州上方蔵出壱貫五百卅文余、	山梨一・五三五	四一一	
天正10	11月27日	矢崎又右衛門尉	信州改替於甲州四貫文、	家康上・四〇六	四一二	
天正10	11月27日	丸山半右衛門尉	駿州上方蔵出三貫文、	新修二・五四	四一三	三二五三四
天正10	11月27日	□□（土屋カ）右兵衛尉	甲州上石田内七拾貫文、	山梨一・一三三二	四一四	
天正10	11月27日	河野作右衛門尉	駿州上方蔵出四貫八百卅文余、	山梨一・一三三三	四一五	
天正10	11月27日	後藤久右衛門尉	駿州上方蔵出六貫文、	家康上・四〇三	四一七	
天正10	11月27日	渡辺式部丞	甲州小石和出作分内五貫百五十文、	家康上・四〇四	四一八	
天正10	11月27日	斎藤半兵衛	駿州上井出之内弐拾三貫五百文、	家康上・四〇四	四一九	
天正10	11月27日	飯島半右衛門尉	甲州寄田内拾貫文、	家康上・四〇五	四二〇	
天正10	11月27日	柳沢市右衛門尉	甲州内扶持給夫銭共ニ拾七貫文之事			三一〇二三
天正10	11月28日	石黒将監	甲州西保之内山諸役共弐拾貫文、	家康上・四〇七	四二二	
天正10	12月3日	小田切次太夫	甲州上村之内拾五貫五百文、	家康上・四一一	四三〇	

天正10	12月3日	功刀介七郎	甲州西野分壱貫弐百文、	家康上・四一二	四三一	
天正10	12月3日	河野靭負	甲州竹居之内種田分拾九貫弐百文、	新修・八三	四三八	
天正10	12月5日	河野内記	甲州大津之内栗原之内西条之内弐拾四貫弐百文			三一〇二九
天正10	12月7日	成島勘五郎	甲州二日市場手作前四貫七百文、	家康上・四三一	四七六	三一〇三二
天正10	12月7日	飯室八郎兵衛	甲州河東内五貫文、	山梨一・八〇〇	四七九	
天正10	12月7日	中込又兵衛	甲州大［　］貫文	山梨一・九六〇	四八〇	
天正10	12月9日	河西作右衛門尉	甲州林部之内八拾貫文、	山梨二下・五六二	四八六	
天正10	12月9日	井尻源三	甲州西野之内拾壱貫文、	新修・八五	四八八	
天正10	12月9日	辻弥兵衛	甲州岩崎之内長延寺分四拾弐貫文、	家康上・四三九	四九〇	
天正10	12月9日	相原神三	甲州御嶽之参銭三貫文之事	山梨一・三三六	四九一	
天正10	12月9日	岡市丞	甲州松尾之内四貫文之事、	家康上・四三九	四九二	
天正10	12月9日	筒井勘右衛門	甲州南条之内壱貫五百文、	家康上・四四一	四九三	
天正10	12月9日	大嶋五郎兵衛	甲州市河上野分三拾貫文、	新修二・五七	四九七	
天正10	12月9日	飯沼藤太	甲州長坂・栗林三井八右衛門分弐拾貫文之事	新修二・五八	四九八	
天正10	12月9日	大塚新尉	甲州在家塚内八貫百六十文、	家康上・四三八	五〇一	
天正10	12月9日	埴原内匠助	甲州林部之内拾壱貫二百文、	家康上・四四〇	五〇二	
天正10	12月12日	平尾三右衛門尉	岩崎内新田分七貫八百文、	家康下二・一六〇	五二七	
天正11	9月21日	保科喜右衛門尉	甲州万力内継統院分拾八貫文、	家康上・五三七	六八〇	
天正11	9月28日	広瀬美濃守	甲州小河原内七拾貫文、	家康上・五四一	六九〇	三一〇四〇
天正11	9月28日	石黒将監	知行西保郷屋敷壱間、并鎌田二日市場屋敷壱間棟別免許事	家康上・五四〇	六九一	

川島孝一編「徳川家康文書　総目録」（徳川林政史研究所ホームページ、二〇一〇年一二月版）に挙げられる徳川家康文書の中から井伊直政が奉者となったものを抽出し、そこに含まれないものを追加した。同目録の番号を「総目録No」欄に記した。「彦根藩井伊家文書」に原本または写しが現存するものは、「彦根藩井伊家文書No」欄にその調査番号を記した。刊本は次の略称・頁数で示した。『徳川家康文書の研究』：家康、『新修徳川家康文書の研究』：新修、『山梨県史　資料編　中世』：山梨、『静岡県史資料編　中世』：静岡、『焼津市史資料編』：焼津

井伊直政を奏者とするものが最も多く、天正十年中のものは六十七通が確認できている（表2）。

このときの奉書式朱印状は、十月末の和睦の前後で内容や書式が異なるという（柴二〇一四）。戦時中のものは折紙《おりがみ》形式で、「本人が本領であると申告してきたとおりに安堵する」という文言が入っており、戦時中の仮保証という性格が強かった。一方、和睦後の朱印状は竪紙《たてがみ》形式をとっており、戦時中の折紙形式のものより書式上も格が高く、徳川の所領と確定した地域に対する安堵状という意味を持つ。その両方で、直政が奉者となった朱印状がまとまって出されている。

さて、直政がこの朱印状の発給にどのように関わったかという点は、加賀美右衛門尉《かがみえもんのじょう》の例から推測できる。加賀美へは、十一月七日付で直政を奉者とする本領安堵の朱印状が出されているが、加賀美は新府城で直政の取次によって家康に御目見してからこの朱印状をうけとったという（『譜牒余録』「加賀美治兵衛」の項）。主従関係は、臣従しようとする者が主君の面前に出て臣下の礼をとることで正式に取り結ばれるが、加賀美の場合も、このような対面儀礼によって主従関係を結び、それを受けて領地を保証する朱印状が渡されていることがわかる。さらに、加賀美は「天正壬午甲信諸士起請文」（『大日本史料』第十一編之二）の中にその名があり、「三枝平右衛門尉衆」の一員として家康に臣従を誓う起請文に署名したことも確認できる。つまり、臣従の際には、対面儀礼、本領安堵状の受領、起請文の提出の三点がセットになっていたことがうかがえる。和睦後の十一月から十二月にかけては、直政を奉者とする朱印状が特定の日に発給されており、それらの日に集中して武田旧臣が家康に臣従するための対面儀礼が実施されたことであろう。

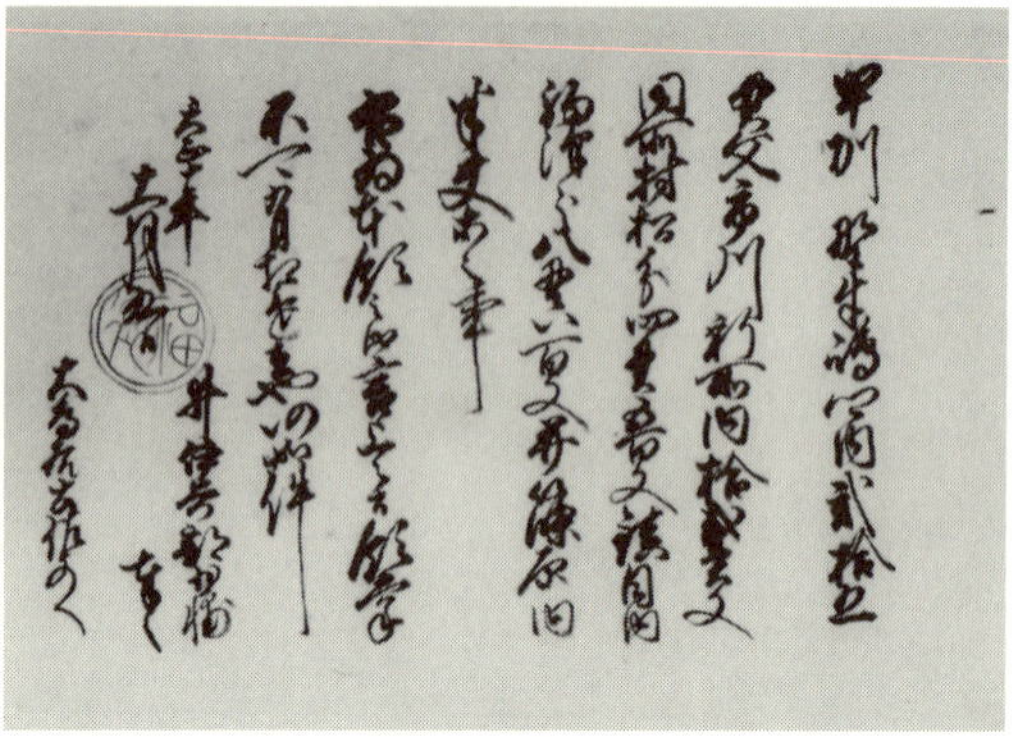

徳川家康朱印状写　大鳥居土佐宛て　彦根城博物館蔵

主君が客人ら外部の者と対面する際に、その場を設定して主君へ取り次ぐ者を「奏者」や「取次」などという。相手にもよるが、秘書的な立場で主君の傍らに仕える近習が担当する場合が多い。近習の役割は、奏者のほか、主君の添状《そえじょう》を書く、使者を務める、検使《けんし》を務める、来客をもてなす、といったものが見られるという（谷口一九九八）。主君の身の回りの世話をする年若い小姓も近習の一部ではあるが、それ以外に年齢を問わず実務能力の高い者が主君の傍らに仕え、書類事務・使者といった庶務を担った。直政は十五歳の頃から小姓として家康に近侍していたが、二十二歳に成長した段階で、奏者として実務的な役割が与えられたのであった。

では、直政は甲州諸士の帰属交渉にどの程度関わったのであろうか。帰属することが決まったうえでの対面儀礼と朱印状発給には関わっているが、それ以前の実質的な交渉についても関与していたのだろうか。

直政が直接交渉したとみられる者がいる。のちに彦根藩士となる大鳥居《おおとりい》氏の祖、大鳥居満氏《みつうじ》である。満氏は十一月五日付で直政を奏者とする奉書式朱印状を受け取っており、そこで甲州野牛島郷内二十五貫文、市川新所内十二貫文、同所村松分四貫五百文などの本領を安堵された。

大鳥居氏の由緒書（「侍中由緒帳」）によると、直政は大鳥居の屋敷を陣場として滞在し、その縁で直政から仕えるよう言われたが、満氏は老齢のため、息子の満経《みつつね》と満利《みつとし》が直政に仕えたという。直政が滞在した大鳥居の屋敷はどこにあったのであろう。本領安堵状には、野牛島《やごしま》郷（山梨県南アルプス市）と市川新所（同市川三郷町）という地名が出てくるが、市川は苗字の地である大鳥居村に近く、本領が二か所書き上げられていることから、市川新所が本拠地ではないだろうか。

市川は駿河から甲府へ抜ける駿州往還沿いに位置する交通の要衝で、戦国時代には市川大門宿があった。近世後期には市川陣屋が置かれ、地域の中核となる町である。当地の古くからの中心地は高台となっている平塩岡《ひらしおのおか》にあったが、天正年間には高台から下った川沿いが新たに開発されて市川新所と呼ばれた。当地では和紙の紙漉《かみすき》が盛んであったが、紙漉を行うために水利の便のよい川沿いが開発されたという。

市川大門宿周辺　山梨県市川三郷町

直政が大鳥居の屋敷に滞在したということは、大鳥居が地域の有力者であったに違いない。市川新所の有力者としてそこに屋敷を置き、地域の開発に関わっていたのだろうか。満経はのちに賄役《まかないやく》を務め、直継時代には藩財政に関わる文書に連署しており、侍というより財政実務にたずさわる奉行という性格が見られる。市川新所でもそのような任にあり、直政がスカウトしたのかもしれない。

いずれにせよ、直政は武田旧臣への帰属交渉のために市川に出向き、大鳥居屋敷に滞在して周辺の土豪らを徳川方に帰属させる交渉を進めたと推測できる。八月からの帰属交渉は、北条との戦時中のことであり、地元で味方を増やすことは戦果に直結する。地域ごと、あるいは武田時代の組織ごとに分担して帰属交渉を進めていったが、それを任された一人に直政がいたのであった。

第四章　家康直轄軍・井伊隊の創出

旗本先手隊大将への取り立て

激動の天正十年（一五八二）をうまく乗り切った徳川は、同年末には武田旧領の甲斐・信濃・駿河を加えた五か国を領する大大名に成長した。このことは、直政の立場にも大きな影響を与えた。直政は、甲州での戦いの頃から政治的な活躍の場を与えられていたが、この合戦が終了した頃、家康は直政を大将とする新たな旗本先手隊を組織した。

当時の徳川の軍制は、酒井忠次と石川家成《いえなり》を旗頭とし、旗本隊を加えて三備《みつぞなえ》といわれていた。永禄末年に三河一国を統一した際、国内を東西に分けて二人の旗頭の配下に国内の国衆・土豪らが置かれた。一方、旗本隊は家康直轄の部隊で、家康の身辺を警護する馬廻衆のほかに、直轄軍となる旗本先手隊が創出された。隊長には家康の側近であった本多忠勝・榊原康政・鳥居元忠《もとただ》・大須賀康高・大久保忠世らが取り立てられ、その部隊には新たに家康家臣となった者が与力・同心として付けられた。

家康が浜松に居城を移すと、両旗頭に属する三河の国衆はそのまま各自の在所に居住していたのに対し、旗本先手隊は家康に従って浜松に常駐した。つまり、旗本先手隊は家康の力で新たに創り出した部隊であった。このような、出身地域から切り離された者を城下に集めた「兵農分離」型の直属部隊は、すでに尾張時代の信長が組織していた。家康は、同盟関係にあった信長の軍事組織に倣い、旗本先手隊を組織したのであろうか。実際、その兵は家康の命令に素早く対応できる攻撃型の精鋭部隊として活躍した。

新たに組織された井伊隊は、このような旗本先手隊であり、本多忠勝隊や榊原康政隊と同様の性格を持つ部隊であった。家康によって創出された最後で最大の部隊と評価できる。

家康が直政を旗本先手大将に取り立てた理由は、前述したように直政が国衆井伊氏の継承者であり、大将にふさわしい出自であったことが挙げられる。そのような直政が、甲州で武田旧臣の帰属交渉や北条との和睦交渉で家康の期待に応える働きを見せた。そこで、武田旧臣を徳川の中に組み入れるにあたり、四つの部隊を直政に附属させ、あわせて、彼らが継承してきた武田の兵法を井伊隊に継承させた。

井伊隊を組織するにあたり、中核となる有能な者も配属された。その代表は木俣守勝である。守勝は岡崎の出身で、九歳の頃より家康のもとへ小姓として奉公していたが、十九歳のときに一家の者とトラブルがあり、岡崎を離れて明智光秀《あけちみつひで》に仕えていた。光秀のもとで武功を挙げる守勝のことを耳にした家康は、守勝を召し帰し、天正壬午の乱後、直政に武田旧臣を附属させるにあたり、家康は守勝に「甲州侍の物頭《ものがしら》」（「侍中由緒帳」）として武田旧臣を統率する役割を与え、守勝を直政の家老として付けた。これより前、直政が北条との和睦使者を務めた際に守勝が副使を務めていることから、このときまでに、実質的に直政の補佐役として付けられていたことがわかる。

このほか、家康直臣の西郷正員《さいごうまさかず》と椋原正直《むくはらまさなお》が、木俣と同様、家老として付けられた。また、表2のとおり、すでに家康の直臣となっていた遠江・駿河の今川旧臣らも同心として付けられた。

従来、甲信諸士への所領安堵状の奉者と、甲州四手衆を率いる侍大将という二つの抜擢を一連のものとして説明されることがあった。しかし、帰属交渉を開始した天正十年八月時点では、直政は侍大将ではない上、いまだ北条との戦いの行方がわからない状況であり、武田旧臣を直政配下に付けるという発想が生じる余地はない。また、直政が担当して帰属させた武田旧臣がそのまま同心となったわけではない。天正壬午の乱での功績が認められ、乱後に侍大将に取り立てられたという順序となる。

「甲陽軍鑑」の描く井伊隊の編制

新たに組織された井伊隊が全軍出陣したのは、天正十二年（一五八四）の小牧《こまき》・長久手《ながくて》の戦いが最初である。このときまでには軍制が確立していた。

井伊隊の編制はどのようなものであったのか。それがわかる史料がある。「甲陽軍鑑《こうようぐんかん》」は、武田遺臣の軍学者小幡景憲《おばたかげのり》によって編纂された戦国大名武田氏の軍法書として著名であるが、その末尾には武田氏滅亡後、その遺臣の活躍が叙述されている。そこには、武田遺臣らが井伊直政のもとに付けられ、小牧・長久手の合戦で活躍した様子が記されているので、少し長いが、その部分を次に示す。

井伊万千代とゆふ遠州先方侍の子なるが、万千代殿、近年家康の御座をなをす。此万千代を兵部少と名付、大身に取りたてらるゝ。万千代同心に山形三郎兵衛衆・土屋惣蔵衆・原隼人衆・一条右衛門大夫殿衆四衆を、兵部同心に付らる丶。山形衆中ニまがりぶち勝左衛門をば、むかわ衆なミにして、是ハ家康へ直参なり。今福もとめハきんじゆになるなり。然者、井伊兵部そなへ、あかぞなへなり。家康仰らる丶ハ、「信玄の内にて一の家老、弓矢にほまれある山形が兄、飯富兵部とゆふ侍大将のそなへ、あかぞなへなりときく。其後あざり（浅利）、此比ハ上野先方小幡、あかぞなへなり。少も余の色是なく、具足・さし物の事ハ申すにおよばず、くらあぶミ、馬のむちまであかくありつるときく。其ごとく井伊兵部そなへを仰付らる丶。但、山形三郎兵衛衆の内に、広瀬美濃・みしなひぜん是両人は、敵のときより見しりたるおぼへのさし物なる故、ゆるす」とありて、広瀬ハ白ほろはり、みしなハきんのわぬけ、家康の御意を以、あかぞなへの中に両人別色のさしものを仕り、井伊兵部に、「武田の家老山形ごとく、弓矢のもやう（模様）なる様に申おしへ候へ」とありて、如此し。駿河にてハさいぐさゑいふのくミ衆十四五騎、信州にてハ松岡八十騎、是も井伊兵部同心なり。（本編巻二十、酒井憲二『甲陽軍鑑大成』第二巻）

ここからは、井伊隊に同心として付けられた者と赤備《あかぞな》えの由来が読み取れる。

井伊隊に同心として付けられたのは、山県三郎兵衛衆・土屋惣蔵衆・原隼人衆・一条右衛門大夫衆の四衆と、駿河の三枝えいふ組十四五騎、信州松岡氏八十騎という。

山県三郎兵衛昌景《まさかげ》・土屋惣蔵昌恒《まさつね》・原隼人佐昌胤《まさたね》・一条右衛門大夫信龍《のぶたつ》はいずれも武田信玄の重臣で、軍事部隊を率いた侍大将である。彼らのもとには、在地に根ざした中小の侍が同心として付けられた。いわゆる寄親寄子《よりおやよりこ》の関係である。甲斐の武田旧臣が徳川家康に従属した際には、この寄子の組織がそのまま生かされた。彼らは家康に臣従した際に、武田時代の組織（衆）ごとにまとまって起請文（「天正壬午甲信諸士起請文」）を作成、提出したことが知られている。全二十八衆のうち十八衆ほどは、侍大将の名を冠した寄子の組織であった。その中に山県・土屋・原・一条もある。彼ら本人はすでに命を落としているが、同心組織の名称として元の大将の名が使われたのであった。

「天正壬午甲信諸士起請文」に名を記す人数は八百名を越えており、そのほか徳川に臣従した武田旧臣でここに名があらわれない者もいたことから、膨大な人数が一挙に徳川家臣となった。これだけ多くの新参家臣を組織化するにあたっては、武田時代の軍事組織がそのまま転用された。衆によっては徳川直属の部隊となったものもあるが、大将が不在の四隊は井伊隊に付けられた。彼らは徳川の家臣として井伊直政に付けられたことから、直政を寄親とする同心となったことになる。

「武田二十四将図」に描かれた山県昌景　柳沢文庫蔵

「甲陽軍鑑」の記述では、甲州衆以外に駿河の三枝えいふ組と信州松岡氏が井伊の同心となったという。駿河衆の三枝えいふとは、出家して「栄《えい》富斎《ふさい》」と称していた三枝虎吉を指す。虎吉は武田家中で寄親クラスの重臣であり、武田氏が駿河に進出した後は、一貫して駿河田中城に配置されていたと考えられている。天正壬午の乱の後、家康は武田旧臣四名を甲斐支配の実務を担う奉行に任命したが、虎吉もその一員であった。しかし、高齢のためこの役を離れ、天正十一年五月に死去している。

このような虎吉の経歴を見ると、井伊氏同心の「三枝栄富組衆」に虎吉本人は関わっていなかったことがわかる。この組は、武田時代に虎吉を寄親としていた駿河の土豪らの組織を指し、甲州四衆と同様、寄親は不在であるが、寄子の組織そのままを井伊隊の同心としたものととらえることができよう。ただし、実際に駿河衆を軍事的に統括していたのは山県昌景、その後は穴山信君《のぶただ》という（小川二〇〇一）ことから、武田氏の統治下で「三枝栄富組」が実在していたかどうか、検証が必要であろう。

信濃の松岡八十騎とは、信濃下伊那《しもいな》松岡（長野県高森町）にあった松岡城主・松岡氏の軍事組織を指す。「井伊年譜」によると、天正十三年の真田攻めにも甲州四手衆とともに「松岡刑部衆」が出陣したとある。しかし、このときは実際には当主松岡貞利は小笠原信嶺《のぶみね》らほかの伊那衆とともに鳥居元忠・大久保忠世・平岩親吉《ひらいわちかよし》の配下として出陣しており、松岡衆が井伊配下にあったわけではない。

その後、天正十三年十二月に貞利は小笠原氏が秀吉方へ離反して高遠城を攻めたのに同調しようとしたのが発覚し、その後改易になっている。ただ、天正十八年の小田原の陣の陣立《じんだて》では、井伊隊の「相備え」として松平周防・松岡刑部が記されており（『朝野』天正十八年二月七日条）、当主を失った後の松岡衆が井伊隊のもとに配属されていたと理解できる。改易後の貞利は直政に預けられたという伝承があり（『高森町史』）、小田原の陣が終わると甲州四手の同心衆は直政の家臣となったが、直政家臣の中で信州松岡衆の出身という由緒をもつ者は見あたらないことを考えると、松岡衆が井伊配下に置かれたのは合戦時に限った一時的なものと思われる。

このように、新たに組織された井伊隊には、新たに徳川家臣となった武田旧臣の一部が同心衆として付けられた。人数的にみると、彼らが井伊隊の中核を占めることとなる。このほか、従来からある軍事組織をそのまま同心として直政に付けたものとして、近藤・菅沼・鈴木の井伊谷三人衆がいる。彼らは家康に臣従して以来、一緒に行動しており、一つの軍事組織を形成していたといえる。彼らは国衆井伊氏とゆかりがあり、直政が部隊を組織した際に、衆のまとまりごとその軍事指揮下に置かれた。

武田軍の象徴・赤備えを継承

「甲陽軍鑑」には、井伊隊を赤備えにするよう家康が命じたと記される。家康は、武田家中で弓矢に優れたと評判の山県三郎兵衛の兄飯富《おぶ》兵部が赤備えであったと聞いており、井伊の備えもこれに倣うようにと命じた。赤備えは飯富兵部のあと、浅利《あさり》氏、上州の小幡氏といった武田の部将に受け継がれたという。赤備えとは、具足・指物だけでなく、鞍や鐙、馬の鞭まですべて赤で統一する軍装であるが、家康は例外として、山県衆の広瀬美濃と三科肥前だけは従来の旗指物《はたさしもの》を使用することを許したため、広瀬は白幌、三科は金の輪抜の指物を用いたという。

赤備えは、武田家中の部隊に継承されてきた軍装であり、家康はそれを井伊隊に継承させたのである。また、「井伊家軍書」「正諫記」などの標題をもつ井伊家の軍法書に記される逸話ではあるが、家康は石原主膳・孕石備前・広瀬左馬助を呼び出し、軍法を定めて直政に伝えるようにと命じたので、三名は天正十一年（一五八三）正月十一日から二月二十八日まで毎日寄合して作成し、それを家康に提出したところ、家康はそれを手直しして直政に下したという。別の史料にも同様の話が載るが、史料によって武田旧臣の名や人数が異なる。そのため、家康とのやりとりは後世に創作されたものかもしれないが、武田旧臣がまとめた武田流の軍法が井伊隊の根幹となったと理解することができよう。赤備えもこのときに採用された武田流の軍法の一つということである。武田の部隊で著名な赤備えの部隊が徳川方として戦場で活躍することにより、徳川の中に武田の精鋭部隊が受け継がれていることを内外に示す効果を狙ったのではないだろうか。

なお、直政に付けられた武田旧臣は一般に七十四人といわれるが、これも同書冒頭の「家康様より井伊万千代殿へ、甲州にて走り廻りの衆七十四人、関東牢人衆四十三人、都合百十七人与力として御預けなされ候」という表現を根拠とする。しかし、七十四人の名前を一覧した記録は現存しない。

一方、「天正壬午甲信諸士起請文」では、一条衆・土屋衆それぞれに七十人おり、四衆をあわせると二百人を超えるため、当初直政に付けられたのは七十四人をはるかに超えるはずである。七十四人に近い数字といえば、「天正壬午甲信諸士起請文」の「井伊兵部少輔同心前土屋衆」が、諸本により五十二人から七十二人と差があるが、多くは七十人が列記されている。七十四人とは七十余という人数が転化したものかもしれない。

勝頼の菩提寺建立にみる同心衆との関係

直政と井伊隊に付けられた者との間には、この時点では主従関係は生じていない。同心衆は家康から本領を安堵されているため家康家臣と位置づけられ、軍事的に直政の配下に置かれたという関係にある。ただし、各戦国大名の寄親寄子の実情をみると、軍事指揮にとどまらず、行政的な指示一般にもこの関係が適用されており、実際には主従関係に近かったことがわかっている。寄子の者が大名へ依頼や訴訟をする場合には、寄親を通じて行われている。

武田勝頼の菩提寺・景徳院（上）と境内にある勝頼の墓（下）　山梨県甲州市

直政が、同心衆から家康への依頼を取り次いでいたことをうかがわせる一件がある。武田旧臣にとって主君にあたる武田勝頼の菩提寺建立に直政が関わっていた。勝頼は田野村（山梨県甲州市）で最期を迎えたが、家康はその地に菩提寺を建てるよう指示した。それを受けて天正十六年に景徳院《けいとくいん》が建てられ、翌天正十七年には井伊直政を奉行として景徳院に家康朱印状が出されている（「尾畑景憲書状」〈『新編甲州古文書』第一巻〉）。そこには、田野村一円を景徳院に寄進するので勝頼の供養をするように、という旨が記されていたと考えられる。

家康の意向を受けて、菩提寺建立に向けて動いた家臣たちのうち、家康に最も近い立場で本件を担当したのが直政であった。勝頼の菩提寺建立は武田旧臣の総意であり、直政同心だけの願いではないが、武田旧臣の意向を家康に取り次ぐのは、甲州四手衆を配下に置いていた直政が適任だったのであろう。

信州高遠口の押さえ

直政のもとに武田旧臣らが付けられて以降、井伊隊は徳川の主要な戦いに従軍している。それぞれの合戦で、井伊隊はどのような戦果を挙げているのか。まずは、天正十三年（一五八五）までの軍事行動を見ていこう。

信州佐久郡では、本能寺の変の直後から、有力国衆の依田信蕃が徳川方に味方して北条方と戦っていた。天正十年十月の徳川・北条の和睦交渉で依田の処遇は保留とされたため、その後も佐久郡での北条との戦いは続いており、翌天正十一年に入っても決着はついていなかった。そこで、家康は伊那衆らを援軍として送り、兵力を補強したため、二月中に佐久郡は徳川の手中に入った。

佐久郡への軍備補強の一環として、家康は井伊隊を信州に向かわせている。正月十二日に家康が直政に遣わした直筆書状には、「高藤《（遠）》口の甲《（押え）》人数つかわし《（遣）》候、そのはう《（方）》の同心の物主つかわし《（遣）》候へと申し候や忘れ候間、飛脚進《まいら》せ候、申候はつ《（ず）》は清三郎《（木俣守勝）》かたれ《（誰）》にてもつかわ《（遣）》し候べく候」とある（『木俣』）。木俣守勝か誰かを「同心の物主」、つまり直政配下に付けた侍たちを率いる隊長として高遠口へ遣わすようにとの命令である。高遠は、すでに徳川方の支配に入っており、高遠城は二月に伊那衆が佐久へ向かう際にも集結する拠点となっていた。高遠口とは、戦闘地域である佐久へ入るルートのうち高遠方面からの入り口を指すのであろう。その地域を守衛するための兵を、井伊直政配下から出させたのである。このとき、直政自身は出陣しなかったが、木俣守勝が甲州の諸士を率いて高遠口へ向かったという。新たに服属した者に対して、すぐに軍役を課して臣従の意を行動で示させようとすることはしばしば行われており、このとき伊那衆や甲州衆らに佐久方面への出兵を命じたのも、そのような考えがあったと思われる。

　天正十一年早々に出兵命令が下されたことで、そのときすでに井伊隊の組織化がある程度進められていたことがわかる。このときまでに直政を侍大将に取り立てて、新たに臣従した者をその配下に付けることが確定し、実施されていたのであった。

井伊隊の初陣――小牧・長久手の戦い

　井伊隊が実際に敵と交戦したという意味の「初陣」は、小牧・長久手の合戦であった。天正十二年（一五八四）、家康と秀吉の唯一の直接対決となったこの合戦で、井伊直政の部隊はその名を世に知らしめる活躍をする。

小牧長久手合戦図屏風　犬山城白帝文庫蔵　山の中腹に布陣して敵に攻めかかる井伊隊の姿が描かれる

本能寺の変後、信長家臣たちが後継者争いをしていたが、その中で秀吉が勢力をのばし、天正十一年（一五八三）の賤ケ岳《しずがたけ》の戦いで柴田勝家に勝利したことで、信長家臣の中で覇権を掌握しつつあった。そのようななか、天正十二年、信長二男の織田信雄が秀吉と対立し、家康と結んだことで合戦となった。家康は小牧山城（愛知県小牧市）に入り、一方の秀吉は兵を率いて犬山《いぬやま》城（愛知県犬山市）に着陣し、両者とも周辺に多くの砦を築いて二キロメートルあまりの距離で対峙した。しばらくの間はにらみ合いが続いていたが、先に秀吉方が動いた。秀吉の甥の三好秀次《みよしひでつぐ》（のちの豊臣秀次）を大将にして家康の本拠地である三河方面へ別働隊を派遣したのである。これを察知した家康隊は、小牧山を出て彼らを追撃し、長久手で彼らを急襲して、池田恒興《いけだつねおき》・森長可らを討ち取る勝利を得た。

この合戦で、井伊隊は家康旗本隊の先鋒に位置していた。徳川勢全体では、小牧山から長久手方面へ向かう際に先手を務めたのは榊原康政・大須賀康高、小牧山の留守を守ったのは酒井忠次・石川数正・本多忠勝らであり、井伊隊は本陣の傍らで大将を護衛する役割の旗本に備えていた。

四月九日、三好秀次勢の池田恒興隊は、三河方面に向かう途中、徳川方の岩崎城《いわさき》（愛知県日進市）を守る丹羽氏を攻撃した。その間に徳川勢の先手を務める榊原康政隊や大須賀康高隊が追いつき、岩崎城が落ちるのを待って休息していた三好隊を急襲して潰滅させた。家康旗本隊は小幡城《おばた》（名古屋市）から東の山沿いを迂回して富士ヶ根に進んで、引き返してきた森長可隊や池田恒興隊の退路を遮る位置に布陣する。ここで先鋒の井伊直政隊と家康旗本隊の二隊に分かれて、敵を挟む形で攻め、敵の大将池田恒興父子、森長可を討ち取る大勝利に終わった。

この合戦での直政や井伊隊に関わる逸話がいくつか伝わっている。家康本隊は井伊隊を先鋒として行軍したが、榊原康政らが三好隊を敗走させたことを聞いて進軍した際、井伊隊士は敵を目前にして隊列を乱してしまう。これを見た家康は、「木俣めはなきか、腹切らせ候わん」と、木俣守勝が隊士にうまく指示を出せていないとして立腹したという逸話（「山中氏覚書」〈『長久手町史』資料編六〉）が残る。

また、家康本隊が富士ヶ嶺に本陣を置いたあと、南の仏ヶ根《ほとけがね》の両脇に布陣する池田恒興、森長可らへ攻めかかることを決め、まず井伊隊が池田隊の布陣する頭狭間《こうべざま》に兵を向けることとなった。このとき直政は、敵の正面から攻めかかろうとしたが、配下の三科肥前と近藤秀用が南の山の中腹を廻っ

小牧長久手合戦図屏風　犬山城白帝文庫蔵　直政が敵の武者と組み合う場面

て背後から攻めるよう進言した。直政はこれを承知しなかったため、近藤が直政の馬の口を向けてルートを変更させたという（『小牧御陣長湫御合戦記』〈『長久手町史』資料編六〉）。

　合戦が始まり、鉄砲隊の攻撃の後、騎馬武者による合戦になると、直政自身が敵の中へ駆け入って敵の母《ほ》衣《ろ》武者と組み合った。家康家臣の安藤直次《あんどうなおつぐ》はこれを見て、直政へ「諸軍を下知する人はすすむにもしりぞくにも時にかなふをむねとすべし、なんぞしいて己が功をもっぱらとせんや」（『寛政』安藤帯刀）と、大将は戦闘の様子を見て隊の進退を指揮するのが役割であるとして、一武者のように敵と組み合う行為は大将がするものではないと忠告したという。

　このように、長久手の戦いは直政が大将となって初の実戦となったが、家康から叱責されたり大将らしからぬエピソードが残るなど、この戦いでの直政の采配ぶりは決して及第点を与えられるものではなかった。しかし、付けられた同心たちの戦闘能力は高く、敵の大将池田恒興・森長可を討ち取る大勝を得て、井伊隊の名は赤備えとともに知られることとなった。豊臣方の侍は井伊隊の戦いぶりを見て、「赤鬼《あかおに》」と称したという（「甲陽軍鑑」）。

蟹江城攻め

長久手で徳川方が勝利した後も、両陣営は尾張周辺に陣を置いてにらみ合いの状態が続いたが、激しい戦闘は行われなかった。そのようななか、六月に秀吉方の滝川一益が織田信雄方の尾張国蟹江《かにえ》城（愛知県蟹江町）への調略を試みた。十六日、滝川勢が蟹江城を攻め取ったことを聞くと、清洲《きよす》城（愛知県清須市）に布陣していた家康は急いで出陣した。

このとき、直政は松葉（愛知県大治町）から駆けつけて海中に柵を立てて海路をふさぎ、敵船が城に入れないよう分断した。これは勝利につながる功績であったという（『譜牒余録』「山口修理亮」の項）。六月十八日に直政が大将である織田信雄へ戦場での手柄を報告すると、十九日付で信雄から直政に宛てて、戦功を賞する感状が出されている（『井伊』）。日付からみて、井伊隊がいち早く海上封鎖したことを賞したと思われる。

また、二十二日には織田・徳川方が蟹江城へ総攻撃をしかけたが、このとき井伊隊は伊賀者とともに大手口を攻めていたところ、伊賀者が横から押し破ったため、二の丸まで攻め入ったが、ここで多くの者が討ち死にしたという（「伊賀者由緒并御陣御供書付」〈『長久手町史』資料編六〉）。

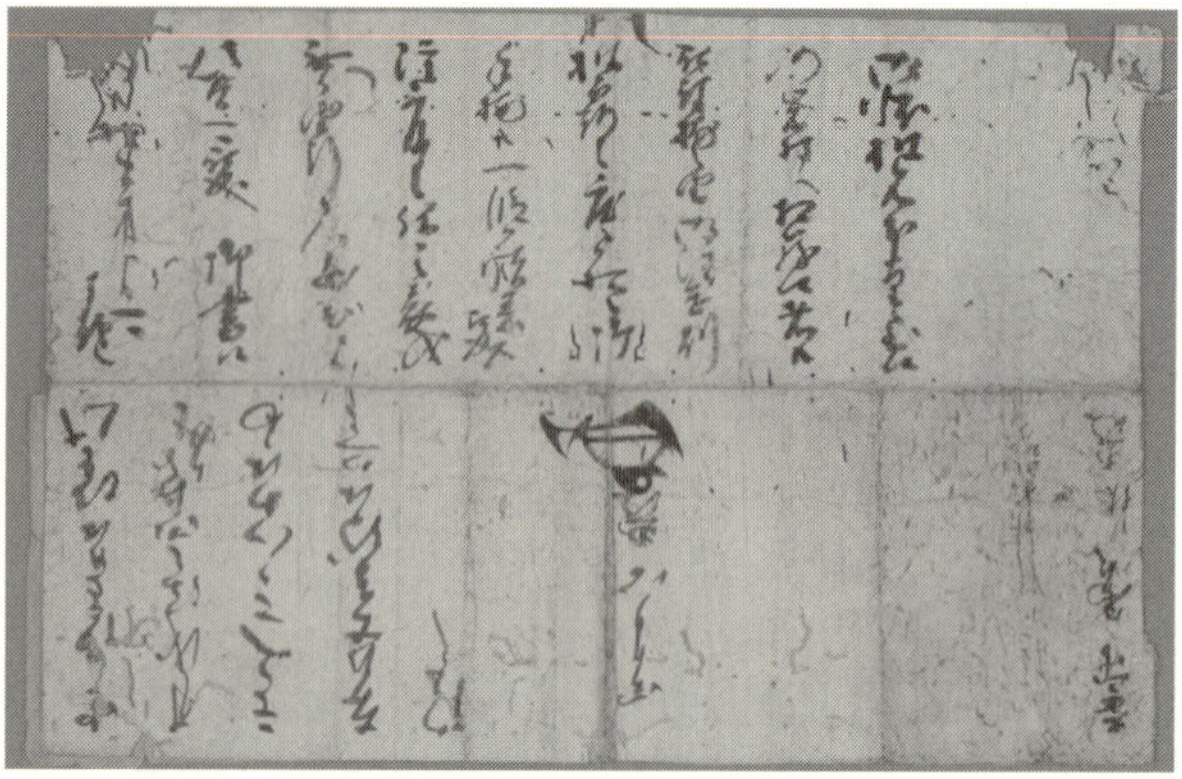

井伊直政書状　遠山半左衛門尉宛て　個人蔵　徳川美術館寄託　岩村城攻めの手柄を賞する家康の意を伝える

小牧・長久手合戦時の取次役

小牧・長久手の合戦の際に、徳川方へ味方するよう交渉していた勢力に対して、直政が取次を担当していることが確認できる。これに関して、東美濃の遠山氏の一族、遠山佐渡守・半左衛門尉父子と、土佐の香宗我部《こうそかべ》親泰《ちかやす》と交わした書状が現存している。

遠山父子は、小牧・長久手合戦の前には家康の配下に入り、合戦では東美濃周辺で豊臣方となっていた城を攻撃した。三月二十三日には、森長可の守る明知《あけち》城（岐阜県恵那市）を攻めて功績があったとして、家康からそれを賞する書状が下されている。ついで、半左衛門尉が岩村《いわむら》城（岐阜県恵那市）へ籠もった者を討ち捕らえる戦功を挙げ、それを家康本陣へ届けたところ、四月八日に直政からの書状で家康からの褒賞の意が伝えられた（写真）。しかし、十月に半左衛門尉は討ち死にしてしまう。これに対して、家康からの直状と直政からの添状の二通で弔意が示された。このように、遠山氏とのやりとりにおいて直政が取次の立場にあることがわかる。

戦国大名の外交交渉は、特定の家臣が「取次」として相手勢力との交渉を担当するのが一般的であった。直政は、すでに天正十年の武田旧臣を組み入れる交渉で大名家臣との交渉は担当していたが、侍大将となり、先輩諸将と同様、対外勢力との取次を担った。

なお、香宗我部親泰は土佐の大名長宗我部《ちょうそかべ》元親《もとちか》の弟で、小牧・長久手合戦で徳川方の味方についたため、両者で書状が交わされている。その中に香宗我部から直政に宛てた書状に対する返書がある。ただ、香宗我部との取次は本多正信が担当しており、直政が交渉の主担当ではなかった。

信州上田城攻め

天正十三年（一五八五）、信州上田城（長野県上田市）の真田昌幸が上野国沼田（群馬県沼田市）の領有をめぐり家康と対立したため、家康は上田城に兵を向けた。

天正十年の徳川と北条の和睦では、上野国は北条氏の所領とすることになったため、真田氏が領有していた沼田領を北条氏に渡すこととなっていた。ところが、真田がそれを了承せず、家康からの命令を拒み続け、ついに徳川と断交して秀吉方についたのであった。そのため、家康は真田の居城である上田城に兵を送り、一方の真田には秀吉が越後の上杉景勝に後詰《ごづめ》をさせた。

同年八月、徳川方の鳥居元忠・大久保忠世らが甲斐・信濃の兵を率いて出陣した。その中には、木俣守勝・松下清景が陣代として井伊隊の同心衆を率いた部隊の姿もあった。彼らによる上田城攻撃は失敗に終わり、多くの犠牲者を出した。そのため、直政や大須賀康高、松平康重ら五千余騎が加勢のため派遣された。

直政はみずから兵を率いて上田に向かった。その隊は、原隼人衆、一条右衛門大夫衆、松岡刑部衆、土屋惣蔵衆、山県三郎兵衛衆の五手の衆であったという（「井伊年譜」）。井伊隊らは土居を築き、柵を付けて陣営を堅め守ったが、この後両者が交戦することはなく、徳川方は退却した。

この合戦の中で、閏八月二十八日付で家康から直政の同心中に宛てて、「このたびのそちらでの働きや昼夜の辛労を察する。いよいよ油断なきように」という内容の書状が下されている（『木俣』）。先遣隊として木俣・松下が同心衆を率いて出兵した際の戦功を賞したものである。上田城攻めが一段落した後、戦況が家康に報告されたことから、閏八月二十六日から二十八日にかけて家康は諸将に対して慰労の意を示す感状を出した。これもその中の一通である。この感状は、同心衆を率いた木俣守勝のもとに伝来した。

第Ⅱ部　豊臣政権下での直政

井伊直政画像　彦根城博物館蔵　画像提供：彦根城博物館／DNPartcom　没後まもなく描かれた画像で、直政の面影をよく伝える

第一章　秀吉の母・大政所の警固役

小牧・長久手合戦の和睦と秀吉への従属

小牧・長久手の合戦は、天正十二年（一五八四）四月の長久手、六月の蟹江での合戦でいずれも徳川勢が勝利したが、全体としては両者のにらみ合いの状態が続き、それぞれが各地の勢力を味方につけようとする外交戦を繰り広げていた。そのようななか、秀吉が織田信雄の本拠地である伊勢へ攻撃を仕掛けると、信雄との間で和睦の話が進み、十一月十一日に両者が対面して和睦が成立した。これにより、徳川勢も兵を引くこととなり、合戦は終結した。

従来の説では、このときの和睦は秀吉と信雄の間のものであり、家康は秀吉に対面しておらず、臣従していないとされてきた。家康が上洛したのは二年後の天正十四年のことである。その間、両者には軍事的緊張が続いており、秀吉は妹の旭姫《あさひひめ》を家康に嫁がせ、さらに母親の大政所《おおまんどころ》を人質として差し出してまで、家康の上洛を引き出したと言われてきた。しかし、跡部信氏によると、天正十二年十二月に家康は息子の義伊《ぎい》（のちの結城秀康《ひでやす》）を秀吉の養子とし、重臣の石川数正・本多重次《しげつぐ》の男子を伴って秀吉のもとへ送ることで、実質的に人質を差し出したことになり、これをもって家康は秀吉に臣従したとみることができるという。

これによって和議は成立したが、秀吉は翌天正十三年、さらなる要求をしてきた。家康の別の重臣からも追加して人質を差し出すよう求めたのである。それに対して十月二十八日、徳川家中では重臣たちが協議してこれを拒否することを決めた。このような追加の人質要求もそれを拒否したのも、単純な服属要求やその拒絶ではなく、高度な政治的かけひきとみることができ、徳川方は人質を次々と要求されるような一方的な従属というあり方を嫌ったと考えられている（跡部二〇一六）。

石川数正の出奔と若手の台頭

ところが、追加人質要求の一件をきっかけとして、徳川家中で大事件が起こる。重臣で岡崎城代を務めていた石川数正が、秀吉のもとに出奔したのである。数正は、小牧・長久手合戦の後、徳川家を代表して秀吉と交渉する任に就いていた人物である。数正は要求を断って断交しても、すでに実質的に天下人となっていた秀吉との力の差は歴然としていることを把握しており、秀吉側の要求を受け入れるべきと徳川家中の会議で進言したが、その意見は採用されなかった。

数正が出奔した理由は一つだけではなく、さまざまな要因が重なった結果であろうが、主な要因として、次のような説が示されている。まずは、徳川家中での発言力の低下がある。三河統一から遠江進出期の徳川家中では、数正と酒井忠次が徳川家臣を代表していたが、その後、家康は本多忠勝・榊原康政ら若手の旗本先手隊長を登用したため、彼らが徳川の軍事力を支えるようになって、発言権を増してきていた。それにともない、徳川家中での数正の影響力が相対的に低くなっていた。十月二十八日の評議で数正の意見が採用されなかったのもそのためであり、数正が徳川からの離反を決意した主な要因の一つと考えられる。

また、より具体的な動向として、小笠原貞慶《さだよし》の秀吉方への離反がある。信濃の小笠原貞慶は家康の配下にあったが、この頃、秀吉の勢力が小笠原氏の周辺地域を攻め落としており、次の標的とされる位置にあった。そのような状況で秀吉から誘いがあり、それを受け入れて寝返ったが、徳川方で小笠原の取次を担当していたのが数正であった。小笠原を離反させた責任が数正に問われることとなる。実際に数正は、徳川方で預かっていた小笠原の人質を連れて岡崎を去ったので、小笠原氏の行為に影響されての離反であったことは間違いない。そのほか、すでに秀吉のもとに人質として差し出していた自身の息子を守るためともいわれている（煎本一九九八、柴二〇一四、跡部二〇一六）。

もちろん、これらの前提として秀吉から離反の誘いがあり、数正がそれを受け入れたというやりとりがあったことは想像に難くない。

徳川では、数正が出奔したと聞くと、信濃に出していた兵をすみやかに退かせ、岡崎城の守りを強化し、数正出奔の影響を抑えようとした。また、徳川の軍制が秀吉方に知られることになるため、武田旧臣に武田流の軍法を調べさせて、武田の兵法を取り入れた新たな軍制に改めた。その結果、重臣が出奔したにしては、徳川方はそれほど大きなダメージを受けなかったようである。

その理由は、徳川方がすみやかに対応したというのも事実であろうが、それだけでなく、数正はすでに徳川家中で影響力が低下しており、忠勝・康政・直政といった若手が徳川の主力を占めるようになってきていたことがあるだろう。秀吉が数正だけでなく、別の重臣の家族を人質に要求したのも、徳川家中での実力が数正から離れ、若手へと移行しているのを読み取ったのも一因かもしれない。結局、旭姫が嫁いだ後、秀吉方の要求により、忠勝・康政・直政の親族を人質として秀吉のもとに送った。この事実は、直政の立場を考えるうえでも重要である。数正出奔後の徳川家中で、直政は忠勝・康政と並ぶ立場にあったことが確認されるからである。

秀吉方は、人質問題とほぼ同時期に、別の方面からも直政と接触をもっている。それは武家官位である。これについては章を改めて見ていきたい。

大政所を警固する

秀吉の妹の旭姫が家康のもとへ輿入れした後、家康は秀吉からの上洛要請に応じたが、その際、秀吉は母の大政所を人質として家康のもとに送った。

十月、大政所が岡崎に到着したのを見届けると、家康は上洛の途につく。その際、岡崎城で大政所を警固したのが井伊直政と本多重次であった。このときの逸話として、次のようなものがある。

もう一人の警固役である本多重次は、大政所が入った屋敷の周囲に柴や薪を積み重ねた。これは、家康に万一のことがあれば、すぐに火を放って命を奪う覚悟であると脅す意味がある。そのため、大政所方の女中は、訪問してきた直政にあの柴や薪は何のためかと問うたが、直政は自分は知らないと答えた。一方、直政が大政所らに対してとった行動は、たびたび大政所の機嫌を伺うために訪問し、

豊臣秀吉画像　個人蔵

果物や菓子を持参するというものであった。そのため、直政は大政所方の女中から気に入られ、薪を積み重ねたのは直政ではなく、本多重次がやったことだろうと噂したという（「落《おち》穂《ぼ》集《しゅう》」〈『朝野』〉）。

あくまでも逸話であり、どこまでが史実か定かではないが、ここに直政の個性がよくあらわれている。直政は、相手方（ここでは大政所一行）がどうすれば岡崎城で気持ちよく過ごせるかを考え、人質という扱いではなく、主君の客人として応対している。政治の都合で見知らぬ土地に送り込まれた彼女たちに対し、日々様子をうかがい、喜びそうな菓子類を持参することで、彼女たちの不安感や徳川に対する不信感は払拭されることになる。ここで彼女たちが徳川に対して好印象をもつことは、徳川が豊臣政権の中にいるうえでメリットになるはずである。直政の行動は、ここまで計算づくであったのか、自然とそのような対応をしたのかはわからないが、敵を作らない、あるいは敵を味方に変える対応ができる人物だったことは間違いない。

実際、大政所が秀吉のもとに戻ったとき、大政所は岡崎での恐ろしい体験を秀吉に伝えている（「貞享書上」本多重次〈『朝野』〉）。「落穂集」によると、大政所は秀吉に、本多重次を家康のもとからもらい受け、死罪か流罪に処してほしいと頼んだという。一方の直政については、女中たちが口々に誉め、そのことが秀吉の耳にも届いたという。

秀吉との初対面時にのこる逸話

家康が帰国したのを受けて、十一月十二日、大政所は秀吉のもとに戻されることになり、直政が大坂まで送っていった。大坂城では、大政所を無事に送り届けたとして秀吉から饗応を受けた。おそらく、前述したような岡崎城での対応ぶりも聞いたうえで、秀吉は直政に良い印象をもって応対したと思われる。

饗応の場での逸話として、次のようなものが伝えられている。先般、家康のもとから出奔した石川数正が、顔見知りということで饗応の場に同席した。しかし、数正は徳川にとって裏切り者のため、直政はその席上で数正とは一言も言葉を交わさなかった。その後の茶席にも数正は同席したため、直政は周辺の豊臣家臣に、累代の主君を裏切って秀吉に付くとは不義とも臆病ともいえ、武士の交わるべき相手ではないと言い放ったという（「家忠日記追加」他〈『朝野』〉）。

豊臣家臣らが同席する場で、実際にこのような発言ができるかどうか甚だ疑問であるが、おそらく秀吉は、直政を直臣にしようと勧誘したであろうし、直政はそれになびかず家康の家臣であり続けた。このような直政の性格をよくあらわす話として創作されたのではないだろうか。

第二章　秀吉から武家官位を与えられる

豊臣政権と武家官位

豊臣秀吉は、自身が関白《かんぱく》、さらに太政大臣《だじょうだいじん》という朝廷での役職に就くことで天下人となったが、豊臣政権では配下に入った大名やその重臣に対しても、同様に公家社会の序列を用いて彼らを掌握した。家康や直政も例外ではない。家康は小牧・長久手合戦後に秀吉に臣従するなかで官位を授かっているが、その際、あわせて官位を授かった唯一の家康家臣が直政である。このことは、直政の役割や立場を考えるうえで重要なポイントとなるため、少し複雑ではあるが任官の実態とそれが持つ意味を考えたい。

まず、その前提として、豊臣政権の武家官位の特質を挙げておく。官位とは、もともと古代の律令体制で定められたもので、朝廷に仕える官人がその身分序列を示すものとして、天皇から位階と官職（あわせて官位）を授かることになっていた。位階とは「正一位上《しょういちいのじょう》」「従四位下《じゅしいのげ》」といったものであるが、一位を最上位とする位に従・正、上・下をつけて細分化し、序列を示している。一方、官職も本来は律令体制上の役職であるが、武家への場合は、位階に相当する官職が与えられても実際にその職務に就くのではなく、呼び名（官途名《かんとめい》）としてのみ用いられるのが通例であった。

秀吉の時代でも、公家社会では官位制度が使われていたが、武家は公家官職の定員外とされ、秀吉がその配下に入った武家にどのような官位を授けるかを天皇に執奏する権限をもち、実質的には秀吉の意向により武家へ官位が下される状況にあった。豊臣政権の武家官位は、秀吉が関白に就任してまもなく、天正十三年十月に参内したことを画期として体制化されたという。

また、秀吉は朝廷から「豊臣」という姓を賜った。これを示す宣旨《せんじ》は天正十三年九月九日付で出されているが、実際に豊臣姓へと改める勅許が出されたのは、天正十四年十二月の秀吉が太政大臣に就任したのが契機という（『国史大辞典』「豊臣氏」項、朝尾直弘氏執筆）。この後、家臣への豊臣姓授与が始まり、十六年の聚楽第行幸《じゅらくだいぎょうこう》をきっかけにして官位叙任と豊臣姓の授与の連動が徹底された。

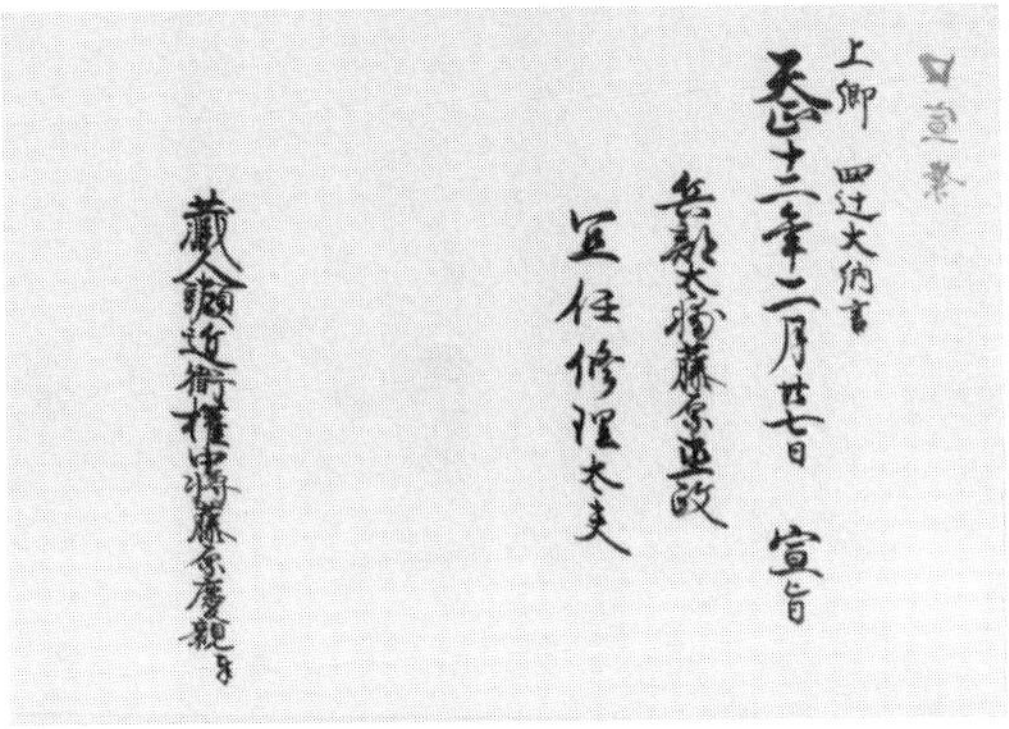
口宣案
上卿　四辻大納言
天正十三年十月廿七日　宣旨
兵部大輔藤原直政
宜任修理大夫
蔵人頭近衛権中将藤原慶親奉

口宣案写（口宣案①）　彦根城博物館蔵　「兵部太輔藤原直政」を修理大夫に任じる

二説ある官位授与年代

直政にはいつどのような官位が下されたのか、それを確認しておきたい。というのは、官位を授かった年代を特定するのは一筋縄ではいかないからである。官位が下される正式な文書は、朝廷から下される口宣案《くぜんあん》や宣旨であるが、そこに記

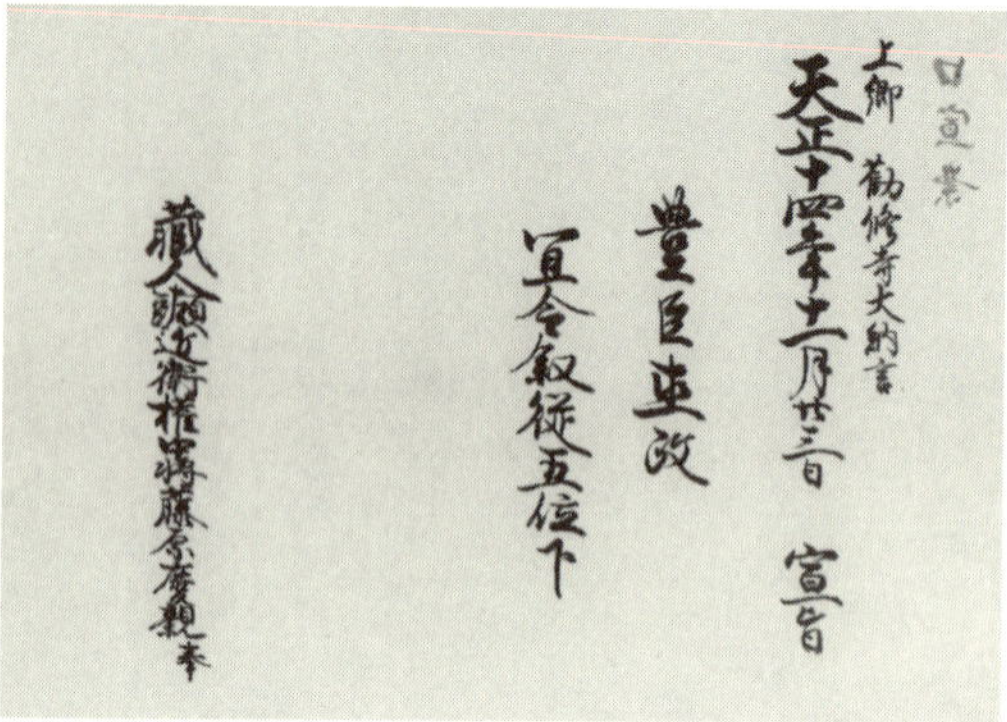
口宣案
上卿　勧修寺大納言
天正十四年十一月廿三日　宣旨
豊臣直政
宜令叙従五位下
蔵人頭左近衛権中将藤原慶親奉

口宣案写（口宣案②）　彦根城博物館蔵　「豊臣直政」を従五位下に叙する

される日付は実際に官位が叙され、叙任文書が作成された日付とは必ずしも一致しない。実際に授けられた日から遡った日付で叙任文書が作成される「遡及叙任」が一般的に行われていたからである。

直政の官位叙任を示す文書として、次のものが現存している。

口宣案写（『井伊』、以下口宣案①と表記）
上卿四辻大納言
天正十二年二月廿七日　宣旨
兵部太輔藤原直政
宜任修理太夫
蔵人頭左近衛権中将藤原慶親奉

口宣案写（『井伊』、以下口宣案②と表記）
上卿勧修寺大納言
天正十四年十一月廿三日　宣旨
豊臣直政

宜令叙従五位下

蔵人頭左近衛権中将藤原慶親奉

二通とも写しではあるが、中村不能斎『井伊直政・直孝』では、この二通と同文言の口宣案を示し、その原本の所蔵者として「子爵井伊直安」と表記している。井伊直安《なおやす》は与板藩の最後の藩主である。このことから、これらの原本は直政嫡子の井伊直継の系統である与板藩井伊家に伝わり、明治時代には同家のもとに存在していたことがわかる。

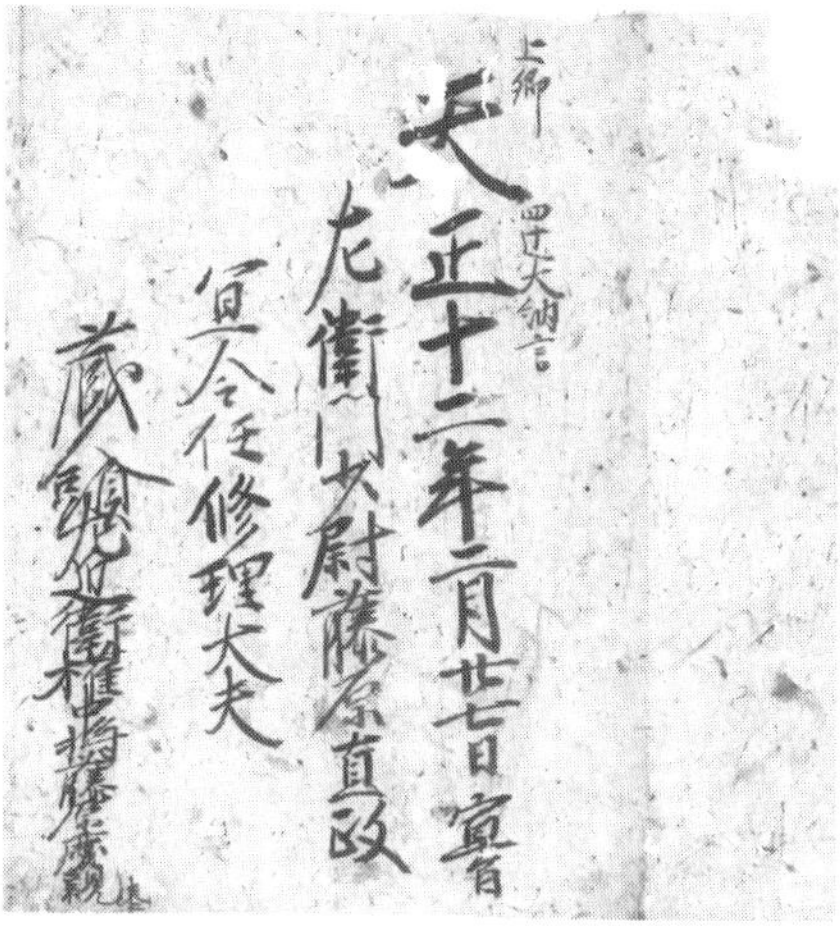
上卿 四辻大納言
天正十二年二月廿七日 宣旨
左衛門少尉藤原直政
宜令任修理大夫
蔵人頭左近衛権中将藤原慶親 奉

口宣案写（口宣案③）　京都大学総合博物館蔵　「左衛門少尉藤原直政」を修理大夫に任じる

一方、口宣案①と同内容ではあるが、少々文言の異なる次の文書も存在する。

口宣案写（「晴豊公記　家康公任叙口宣案」『勧修寺家文書』京都大学総合博物館蔵、以下口宣案③と表記）

上卿四辻大納言

天正十二年二月廿七日　宣旨

左衛門少尉藤原直政

宜令任修理大夫

蔵人頭左近衛権中将藤原慶親奉

また、江戸時代の彦根藩が入手した記録に次のようなものがある。文化二年（一八〇五）春、彦根藩では京都留守居役の藩士松本善左衛門に対して、直政の叙任年月に関する朝廷の旧記がないか内々に探るよう命じ、善左衛門がその手筋の御役方へ内問して入手したもので、三通ある（『井伊』）。

〈一通目〉

　　井伊兵部少輔

　藤原直政

天正十五年八月十八日

任侍従

天正十六年四月十一日

叙従四位下

〈二通目〉

　天正十五年八月十八日

木下

　豊臣勝俊　肥後守定男、実武田

池田伊予守

　同　輝政　紀伊守信輝男

前田肥前守

同　利長　権大納言利家卿男

織田河内守
　平　長盛（益）　備後守信秀男
織田上野介
　平　信包　同
織田
　同　信秀　右大臣信長公男
京極若狭守
　　高次　長門守高吉男
井伊兵部少輔
　藤原直政　肥後守直親男
森右近将監
　豊臣忠政　三左衛門可成男
任侍従

〈三通目〉
天正十六年四月十一日
　池田伊予守
　　豊臣輝政

前田肥前守
　同　利長
織田河内守
　平　長盛(益)
織田上野介
　平　信包
織田
　平　信秀
京極若狭守
　源　高次
井伊兵部少輔
　藤原直政
森右近将監
　豊臣忠政
（以下十三名略。人名は表4のとおり）
　以上廿一人同日従四位下被叙候事

一通目は、直政が侍従《じじゅう》と従四位下を授かった日付を記し、二通目と三通目は直政と同時にそれらを授かった人名の一覧を記したものである。

これらの史料を信用すると、直政の任官は、

天正十二年二月二十七日……藤原姓で修理大夫

天正十四年十一月二十三日……豊臣姓により従五位下に叙位

天正十五年八月十八日……藤原姓で侍従に任官

天正十六年四月十一日……従四位下に昇進

となる。

一方で、彦根藩で作成された井伊家の系譜類ではこれと異なり、

天正十六年……聚楽第行幸の時（四月）従五位下侍従に叙任

慶長六年正月……従四位下に昇進

と記す。最も古いものは、寛永十八年に幕府が「寛永《かんえい》諸《しょ》家《か》系《けい》図《ず》伝《でん》」を編纂するため諸大名に家譜を提出させた際、彦根藩が提出した井伊家系譜（「寛永系図」提出本）である。

両者の記述は明らかに異なるが、二つの説が存在することをどのように理解すればよいだろうか。当時の任官の「常識」をふまえながら検討したい。

修理大夫への任官と辞退の可能性

結論を先に述べると、口宣案①は、日付どおりの天正十二年に出されたのではなく、遡及叙任され

たものであり、実際には天正十四年五月から六月頃に発給されたものと考えられる。家康も同じ日付で従三位《じゅさんみ》・参議《さんぎ》に叙位・任官されているが、この家康の叙任文書は日付を遡って作成された遡及叙任であり、直政の叙任も同様と考えられることが、遠藤珠紀氏の研究によって判明している（遠藤二〇一五）。

遠藤氏によると、家康の官位叙任については元亀二年から天正十二年までの間に十通の口宣案が発給されているが、それらはすべて天正十四年五月から六月頃に一括して発給されたことが、公家勧《か》修寺晴豊《じゅうじはれとよ》の「晴豊公記　家康公任叙口宣案」（『勧修寺家文書』、以下「晴豊公記」と略記する）により判明するという。この史料には、家康の従三位・参議の口宣案とともに直政の口宣案③が写されているため、直政の修理大夫任官は、家康の任官と同時になされたことが判明する。家康の口宣案の日付は遡らせており、直政のものもそれと同様の遡及叙任であると考えられるのである。なお、直政のほかに、同日付で藤原長頼《ながより》を兵庫頭に、如雪《じょせつ》を法印にそれぞれ任じる口宣案も写されている。長頼は不明であるが、如雪は家康の奉行人という。家康のもとには、直政の先輩にあたる多くの家臣がいるが、彼らは誰一人としてこのとき任官されていない。

口宣案が発給された天正十四年五月から六月頃の動向を確認しておくと、豊臣秀吉の妹の旭姫が徳川家康のもとへ輿入れする話が調い、五月に浜松で婚礼の式が執り行われており、この前後には両家の家臣らが京都と浜松の間を行き来している。家康の官位叙任は、秀吉が新たに親族関係を結んだ家康を豊臣政権に位置づけるために授けたものと推測できる。

さて、「晴豊公記」の記述により、直政は天正十四年五月から六月頃に、朝廷から正式に修理大夫《しゅりだいぶ》に任官されたことがわかる。しかし、直政の通称は、天正十年以来、終生「兵部少輔」であった。戦国時代の武家は、官途名（朝廷の官職を名乗る）や受領名《ずりょう》（国名＋守）といった通称を称するのが一般的であるが、これらの名は本来的に幕府を通じて朝廷から与えられるものであった。しかし、正式な手続きを踏むのは一部の大名・国衆に限られ、そのような手続きを経ずに自称する大名も多かった。このことを考えると、直政が朝廷から授かった正式な官途名を通称としなかったのは異例のことであろう。任官された官途を称しなかったのは、いったん任官されたものの、それを辞した可能性が考えられる。

それを示唆するのが、口宣案①と口宣案③の文言の違いである。①は、任官前の官途名は「兵部太輔」であるのに対し、③では「左衛門少尉」となっている。この二通が作成された順序を考えると、③は家康の口宣案と一括して朝廷から発給され、それを勧修寺晴豊が徳川へ渡す際に写したものと想定できるので、いったん③の口宣案が発給されたと考えられる。しかし、それと異なる文言の①が井伊家に伝来したということは、文言を修正して再度発給されたことになる。修正された「兵部太輔」は、直政が以前から称しており、この先も終生使い続ける通称「兵部少輔」に通じる。格式の点から「大輔《（太）》」と「少輔」の違いが生じるが、徳川・井伊側が口宣案に「兵部」と表記されることを求めたのである。

では、なぜこの官途にこだわり、修正させたのであろう。修正させた官途は、この口宣案により使わなくなるはずにもかかわらず、あえて修正させた理由は、今後もこれを使い続けるためであるとしか考えられない。実際、ここで任官された「修理大夫」は称さず、「兵部少輔」を称しているので、任官された時点で「修理大夫」は辞して、前官である「兵部」を称する思惑があったと考えられる。

　このように、直政の修理大夫への任官は、家康家臣のうち直政だけが叙任され、そのうえで辞官するという特殊な経緯をたどったことが浮かび上がってきた。その時期が、秀吉妹の家康への輿入れと同じ頃であったことを考えると、この任官も授ける側の秀吉と、受ける側の家康との間での政治的なかけひきの一つであったといえよう。

　なお、この任官は、数多くいる家康家臣のなかで、先輩諸将をさしおいて直政だけが叙任されていることになる。その意味は、直政の官位昇進の全容を見たうえで、まとめて考えてみたい。

豊臣政権の二つの階層

　次に、直政が侍従に任官され、豊臣姓を授かった意味を考えていきたい。それを考えるには、豊臣政権において侍従や豊臣姓のもつ意味を確認しておく必要がある。そこで、政権による武家官位や氏姓授与の特質をまとめておきたい。

　豊臣政権によって武家に与えられた官位は、下村效氏によると、「公家成《くげなり》」と「諸大夫《しょだいぶ》成」の二つに大別できるという（下村一九九八）。「公家成」とは、公家社会での「公家」、つまり昇殿《しょうでん》することを許された「殿上人《てんじょうびと》」の格式を得たことを意味し、ほとんどが「侍従」（稀に少将《しょうしょう》・中将《ちゅうじょう》の場合もある）の官位を得た際にそのように呼ばれた。侍従以上が一つの階層であったが、これらの大名は、聚楽行幸での行動や起請文の署名などを見ると、ほかの者と区別される特別な政治的地位にあったとみなすことができる。

氏姓授与については、「公家成」の者へは、原則としてすべて羽柴名字を授与されており、秀吉の一門の扱いを受けていた。また、豊臣姓については、「公家成」「諸大夫成」いずれであっても、武家が官位を授かる場合に豊臣姓によって叙任されており、特に天正十六年四月の聚楽行幸以降は、それが原則としてすべてに適用されたという。このような「公家成」＝侍従以上の官位の大名は、豊臣政権において公儀の構成者であったとされる（黒田二〇一七）。

	公家成	諸大夫成
政権での立場	政権の構成者（＝有力大名）	公家成の家臣
官位	侍従以上	従五位下
氏姓授与	羽柴名字・豊臣姓	豊臣姓
公家社会の格	殿上人	

表3　豊臣政権における大名の階層

一方の「諸大夫成」とは、公家成大名の家臣の階層を指す。公家社会では上級公家に家司《けいし》として仕えた下級官人を諸大夫と称しており、豊臣政権でも関白秀吉のほか、上級の官職を得た者の家臣が従五位下に任官された場合、「諸大夫成」と呼ばれた。聚楽行幸時には、内大臣織田信雄、大納言徳川家康、権大納言豊臣秀長《ひでなが》、権中納言豊臣秀次が諸大夫を扈従《こしょう》させている。このとき、家康の諸大夫は十二名いたという。家康家臣で諸大夫となった者は、

天正十四年十一月（家康の上洛時）……榊原康政・高力清長《こうりききよなが》
天正十五年二月二十七日……酒井忠次
天正十六年四月（聚楽行幸直前）……本多忠勝、酒井忠世、大久保忠隣、酒井家次、

平岩親吉、鳥居忠政、本多広孝《ひろたか》、内藤政長《まさなが》、牧野康成《まきのやすなり》、岡部長《なが》盛《もり》、菅沼正家《まさいえ》

がいる。このように、家康の有力家臣は、直政以外はすべて諸大夫に任じられたのであった。

聚楽行幸にあわせた直政の侍従任官

このような豊臣政権の武家官位の特質に照らし合わせると、直政は侍従に任じられており、上層の「公家成」に位置づけられる。任官時期は、前述したように口宣案は天正十五年八月十八日付であるが、系譜史料では天正十六年四月の聚楽行幸に際してと記されており、二つの説が存在することになる。これをどのように考えればよいのだろうか。

まず、当時の叙任文書はしばしば遡及叙任され、日付が遡って発給されることがあったのは、すでに見たとおりである。口宣案の日付は必ずしも実際に叙任された日付とは一致しないが、遡及叙任されたと考えれば問題ない。

実際、文化二年に入手した文書の二通目では、直政を含めた九名が天正十五年八月十八日に同時に侍従に任官されたとされるが、下村氏が作成した公家成一覧表で実際に任官された日付を確認すると、

木下勝俊《きのしたかつとし》……天正十六年四月十三日以前
池田輝政《てるまさ》……（記載なし）
前田利長《としなが》……天正十四年六月二十二日

織田長益《ながます》……（記載なし）
織田信包《のぶかね》……天正十四年三月二十二日
織田信秀《のぶひで》……天正十三年十月六日
京極高次……天正十六年四月六日
井伊直政……（記載なし）
森忠政《ただまさ》……天正十五年七月二十六日

と、天正十五年八月十八日に侍従に任官された者はおらず、各人の任官年代も異なる。中でも、木下勝俊と京極高次は天正十六年四月十三日に実施された聚楽行幸の直前に任官されたことがわかる。

また、文化二年入手文書の三通目には、二十一名が聚楽行幸の直前にあたる天正十六年四月十一日に従四位下に昇進したと記すが、これも信憑性は低い。下村效氏は、長宗我部元親の位階を再考する中で、実際には従五位下であったにも関わらず、江戸時代には従四位下と表記されるものが見つかったが、その理由は江戸時代の武家官位制度では侍従は常に従四位下に叙位されたため、従五位下の侍従であった元親が従四位下と誤認されたものであったことを示した。そのうえで、『歴名土代《れきみょうどだい》』という叙位記録には、「天正」年間に従四位下に任官された人物が二十二名記されているが、その記載は「聚楽行幸記」（「聚楽第行幸記」『群書類従』帝王部）の侍従の人名と重複していることや、ここだけ「天正」と記載されて年月日が記されていないという不自然さから考えて、この部分は江戸時代になってから追記されたものであると判断できるという。つまり、江戸時代には一般的に侍従が従四位下であった

表4　聚楽行幸時の「侍従」

史料	①	②	③
織田信兼	1	1	4（信包）
織田秀信	2	9	5
小早川秀秋	3		21
羽柴秀保	4		
里見義康	5	5	20
長谷川秀一	6	8	19
堀秀政	7	6	18
蒲生氏郷	8	7	17
細川忠興	9	4	16
織田信秀	10		
毛利秀頼	11	10	15
蜂屋頼隆	12		14
前田利勝	13	11	2（利長）
織田長益	14	13	3（長盛）
丹羽長重	15	12	12
池田照政	16	14（昭政）	1（輝政）
稲葉貞通	17	15	11
大友義統	18	16	10
筒井定次	19	17	9
森忠政	20	19	8
井伊直政	21	18	7
京極高次	22	20	6
木下勝俊	23	21	
長曾我部元親	24	22	13

本表は、①「聚楽第行幸記」（『群書類従』帝王部）での「侍従」（数字は行列順）、②『歴名土代』（湯川敏治編、続群書類従完成会）で「天正」（年月日未記載）に従四位下に叙位された者、③「直政様御叙任其他考察」（彦根城博物館所蔵『彦根藩井伊家文書』43785）に所収される、文化二年に彦根藩京都留守居役が朝廷関係者から入手した天正16年4月11日に従四位下に叙位された者、の記載順序を比較したものである。数字は、各史料に列記される人名の順序を示す。数字の後ろの（　）は、当該史料での諱の表記を示す。

ことから、「聚楽行幸記」内で「侍従」の官位を持つ者は従四位下のはずだと江戸時代に誤解され、そのような記述が残されたというのである。

これをふまえて文化二年入手文書の三通目を見ると、これもそのような「聚楽行幸記」の誤った解釈に基づく情報を記載したものとわかる。ここに記される二十一名は、「聚楽行幸記」に登場している（表4参照）。このように考えると、三通目の文書は『歴名土代』と直接のつながりはないにしろ、同様の誤解によって作成された文書を写したものと判断できる。

以上より、口宣案や江戸時代に朝廷周辺から入手した文書が示す任官の日付は信憑性に欠けることを示した。実際には、系譜史料が記すとおりであったと考えるのがよい。聚楽行幸の直前には木下勝俊・京極高次らも侍従に任官されており、行幸にあわせて任官された中に直政も入っていたのであろう。

豊臣姓と羽柴名字は与えられたのか

ここで一つ問題になるのは、直政に対する羽柴名字と豊臣姓の授与である。前述したように、豊臣政権では侍従以上の「公家成」大名には原則として羽柴名字が授与され、また、豊臣姓については「公家成」と「諸大夫成」の両方に授けられたという。

これを直政の氏姓表記に照らし合わせてみたところ、直政は聚楽行幸では豊臣姓を称さず藤原姓を称しており、また、羽柴名字を使用した事例も確認できない。そのため、これまでの研究では、直政は家康の陪臣《ばいしん》であるため通常の授与の基準に当てはまらず、「陪臣にして侍従という唯一の特例」（下村一九九八）と、例外的な存在と解釈されてきた。しかしながら、口宣案②では豊臣姓で記されており、豊臣姓は授与されたと考えるべきである。単に「特例」で片付けてしまうのではなく、詳細に考えていきたい。

直政の氏姓に関わる記述を集めると、

口宣案①③（実質天正十四年六月頃）……修理大夫叙任／藤原姓
口宣案②……従五位下叙位／豊臣姓
「聚楽行幸記」（天正十六年四月十三日）……藤原姓

となる。

「聚楽行幸記」では、二十九名の公家成大名が二通にわけて起請文を提出したことが記される。その中で、直政は「井侍従藤原直政」と署名している。直政以外に豊臣姓を称していないのは、織田信雄・信兼《のぶかね》（平氏）、徳川家康（源氏）、長宗我部元親（秦氏）だけであったことから、下村氏は、織田氏はかつての主家、徳川氏や最有力の大名であり遠慮し、陪臣である井伊と、服属過程に問題の多かった長宗我部氏は豊臣授姓に与れなかったという二木謙一氏の論を引いている。

しかし、「聚楽行幸記」の諸本によっては、その他の大名も豊臣姓を称していないことが、遠藤珠紀氏の研究で明らかとなっている。諸本には三パターンあり、もっとも多いものでは前述の五名に加えて、織田氏・徳川氏の一族（織田長益・信秀、徳川秀康）はそれぞれ同じ姓（平氏、源氏）で統一しているほか、細川忠興《ほそかわただおき》と斯波義康《しばよしやす》が源氏を称しており、全二十九名のうち十名が豊臣姓ではない。このようなことが生じたのは写し間違いなどではなく、秀吉が贈る相手によって内容を書き換えさせたためという（遠藤二〇一六）。

諸本によって署名した姓の表記が異なる者が、行幸では実際にどちらの姓で署名したのかは明らかではないが、少なくとも、豊臣姓を授かったとしてもそれが唯一の姓となるのではなく、本来の姓を称することを否定するものではなかったことが判明する。任官時に豊臣姓を授与されたとしても、それによって本来の姓を捨て、使わなくなったわけではない。豊臣政権周辺の認識として、豊臣賜姓とは、両方の姓が併存し、時と場合により使い分けるものだったのではないだろうか。

井伊氏の場合、中世以来、藤原氏を祖とする系図が存在し、藤原姓を自称していた。直政は従五位下に叙位された際に豊臣姓を授かるが、以後も藤原・豊臣両方の姓を保有していたと考えられる。従五位下に叙位された際の口宣案では豊臣姓で、侍従の時には藤原姓を使用していても、豊臣姓を否定するものではなかったといえよう。あるいは、修理大夫と同様、返上した可能性もあるが、いずれにせよ、豊臣姓は授かった上で使用しなかったことに変わりはない。

一方の羽柴名字については、直政が実際に羽柴名字を名乗ったものは確認できない。例えば文禄四年七月二十日付の諸大名連署血判起請文（大阪城天守閣蔵）では、名前の記される三十名のうち、羽柴名字を称していないのは、出家名を記す織田信雄を除くと直政と里見《さとみ》義康《よしやす》の二名のみであり、そのほかは織田氏・徳川氏も含めてすべて羽柴名字を名乗っている。

しかし、修理大夫や豊臣姓は口宣案でしか残っておらず、そのほかでは使用していないことを考えると、羽柴名字もそれらと同様の可能性が考えられる。政権側が直政だけを例外として羽柴名字を授与しなかった理由は考えにくい。それよりも、授与された上で、直政側が意図的に使用しなかったとするほうが自然ではないだろうか。

では、なぜ使用しなかったのだろうか。ほかの大名陪臣と政権との関係を比較しながら、直政のスタンスを推測していきたい。

豊臣政権による陪臣の取り込み

直政は官位を授かったことにより、豊臣政権から大名家臣（陪臣）でありながら大名並の扱いを受けた。ほかの有力大名家でも、一族や重臣が豊臣政権から直接所領を授かるなど、陪臣を超えた扱いを受けている例がいくつかある。

島津義久《しまづよしひさ》の筆頭家老である伊集院忠棟《いじゅういんただむね》は、島津氏が豊臣政権に下る際には交渉を担当し、島津氏が豊臣政権の中で一定の地位を確保するのに貢献した人物である。そのため、豊臣政権から直接日向都城《ひゅうがみやこのじょう》に八万石の領地が下され、太閤検地《たいこうけんち》後の知行配分の責任者となるなど、豊臣政権と直接つながった。朝鮮出兵の際には、忠棟は朝鮮半島に出兵した島津軍への物資補給の責任者を務めたが、充分に補給しなかったとして忠恒《ただつね》（義久の後継者）や島津家臣から反感を買い、秀吉没後の慶長四年、忠恒によって殺害されてしまった。この一件によって、忠棟の息子の伊集院忠真《ただざね》が挙兵して、島津家中で「庄内《しょうない》の乱」と呼ばれる内乱が発生している。

忠棟の立場は、豊臣政権の中の石田三成《いしだみつなり》と類似しており、朝鮮へ出兵した部将らと三成が秀吉の没後に対立したのと同じ構造が見られる。これは三成ら奉行衆が担っていた豊臣政権の統治システムを忠棟も共有していたといえる。忠棟は、島津氏が豊臣政権とどのような関係を築くのか主君島津氏の判断を待つことなく、豊臣政権の意向を直接受け入れ、実行したことで、対立に至った。

別の大名の例では、肥前の大名龍造寺《りゅうぞうじ》氏の重臣であった鍋島直茂《なべしまなおしげ》へも、秀吉は龍造寺氏とは別に直接所領を与えている。そのほか、大名本人と嫡子以外を公家成に取り立てた例としては、毛利氏がある。毛利氏が豊臣政権下に入った際には、当主輝元《てるもと》に加えてその伯父の小早川隆景《たかかげ》、従兄弟の吉川《きっかわ》広家《ひろいえ》も侍従に任官され、公家成の格式を得た。

このような諸大名の事例を見ると、家それぞれの事情は異なるが、陪臣の立場にある者へ豊臣政権が直接関与したという点で、直政の場合と類似しているといえる。これらの例を見ると、政権は陪臣によって大名家中で大名本人以外と直接つながるルートを築いたことになり、場合によっては大名家に対してくさびを打ち込むことになっていた。

島津氏の場合、重臣が豊臣政権へ取り込まれたことで内紛を生じさせてしまったが、家康はこのような権力の二元化が家中統制のうえで危険だと認識していたはずである。すでに、重臣であった石川数正が秀吉のもとに出奔した苦い経験を持つ。秀吉が、直政を直臣に準じる扱いをして徳川家中へ介入しようとすることを拒否する意思を表明するものとして、直政に下された官職と氏姓を拒んだのではないだろうか。表だって拒むのは秀吉に逆らうことになるためできないが、いったん授かったうえで、直政には格が高すぎるといった理由で遠慮すれば、直政を秀吉の意のままにはできないということを示唆できる。また、直政は侍従という有力大名と同様の格式ではあるが、完全に大名と同列ではなく、陪臣であることを内外に示す効果も得られる。

豊臣政権の武家官位制度において、直政が例外であるのは事実であるが、それは官位を授ける政権側の意向ではなく、授かる徳川・井伊側が豊臣政権に取り込まれすぎないよう政治的かけひきを行った結果とみることができるのではないだろうか。

以上により、直政の官位授与時期・内容は次のとおりと結論づけられる。

口宣案・記録上の日付	実質の授与日	内　容
天正十二年二月二十七日	天正十四年五〜六月頃	藤原姓・修理大夫
天正十四年十一月二十三日	天正十六年四月（聚楽行幸の前）	豊臣姓・従五位下
天正十五年八月十八日	同前	侍従
天正十六年四月十一日	慶長六年正月	従四位下

侍従としての役割――公武との交際

直政は、豊臣政権の中で侍従という地位を獲得したが、これは徳川家臣の中でほかにはいない立場である。これにより、豊臣政権や公家社会との交際でかけがえのない役割を果たすことになる。その具体例を二つを示そう。

一つが、家康の世継ぎである秀忠《ひでただ》が上洛した際の供奉である。天正十八年（一五九〇）正月、家康三男の秀忠は上洛して秀吉に対面している。前年十一月の小田原北条氏への出兵決定にあわせたような上洛は、徳川方からの人質とも見られたが、織田信雄の娘を秀吉の養女として秀忠と縁組させるための上洛であった。また、このとき秀吉から「秀」の字をつけた諱《いみな》を授かり、聚楽第の奥向きで髪を結い、衣類を改めて太刀を賜っている。つまり、秀吉によって元服儀礼が執り行われたのである。家康の世継ぎを秀吉に臣従させるための上洛であったといえる。秀忠は正月十五日に聚楽第で秀吉に対面し、二十一日頃に帰路についた。

このとき、十二歳の秀忠につき従った家臣は、井伊直政、酒井忠世、内藤清成《きよなり》、青山忠成《あおやまただなり》らであった。酒井・内藤・青山の三名は秀忠付きとして日常的に秀忠に近侍している者であり、その立場のまま上洛にも同行した。それに対し、直政は通常は家康の配下におり、供奉した理由は彼ら三名とは異なる。直政が選ばれたのは、すでに豊臣政権内で侍従という地位を得ており、豊臣政権や公家社会との交際を経験しているからにほかならない。

在京中、秀忠は聚楽第で秀吉に対面した後、浅野長政《あさのながまさ》の屋敷で饗応を受け、公家の勧修寺晴豊とも贈答の品を交わしている。秀吉との対面は、豊臣家臣らが居並ぶ中で行われる公式な儀礼である。それを済ませた後も、大納言たる家康の世継ぎとして遇され、諸大名や公家らと間で格式のある振る舞いが求められた。そのような場に、若い秀忠を先導して同席し、時には行動について指南できるのは直政以外にはいない。

もう一つは、公家の勧修寺晴豊との交際である。晴豊は、織田信長や豊臣秀吉と朝廷の間の交渉を担当する伝奏《てんそう》を務めていた人物である。信長が本能寺の変で亡くなる直前、信長を将軍などに任命しようとして、晴豊が直接安土城へ行き、信長とも対面してこの件を話し合っている。豊臣政権のもとでも、口宣案の発給やそれにともなう礼金のやりとりにも直接関与していた。天正十四年に家康や直政の叙任の口宣案を出すのにも関わっている。

そのような晴豊と直政の間で書状を交わしていることが、「晴豊公記」や『晴豊記』から確認できる。

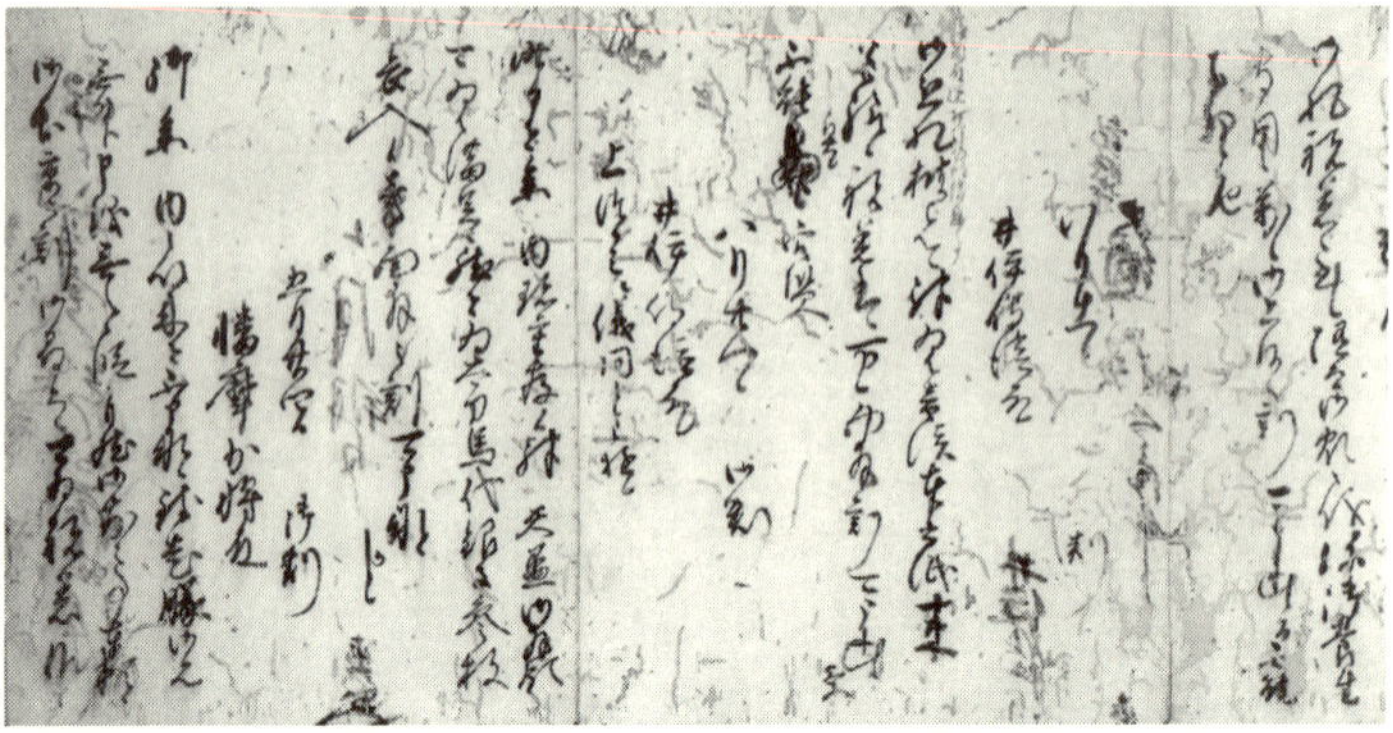

「晴豊公記」のうち井伊直政宛て書状写　京都大学総合博物館蔵　直政宛書状を写す。直政からの書状の裏面を使用しており直政署名・花押が裏面にある

「晴豊公記」には晴豊から直政に宛てた書状三通の控えが残っており、その一部は、直政から晴豊に宛てた書状の紙背《しはい》（裏）を使用しており、晴豊書状の文言から見ても、直政から書状を送り、それに対して晴豊が返事を送っていることがわかる。

その時期は、晴豊からの書状の宛先がいずれも「井伊侍従殿」であるため、直政が侍従の位を得た天正十六年四月以降となる。また、前後に「徳善院僧正《とくぜんいんそうじょう》」「徳善院法印」宛ての書状写しがあるが、徳善院とは前田玄以《まえだげんい》のことである。玄以が「徳善院僧正」と呼ばれるようになるのは文禄五年（一五九六）五月からということなので（矢部二〇一四）、これらの書状はこの頃から直政の死去する慶長七年（一六〇二）までの数年間に絞られることになる。

三通の晴豊書状には、年次が特定できる情報は見あたらないが、八月十一日付のものには、「御煩いの儀、いよいよ御養生専用候、御上洛の刻、申し述ぶべく候」とあり、このとき直政は体調がよくない状況であったことがわかる。慶長六年に佐和山《さわやま》（滋賀県彦根市）に戻り、養生していた時期のものであろうか。

直政は、家康重臣の中でただ一人、侍従の位を得ていたが、これにより豊臣政権の有力人物や公家との日常的な交際もその役割の一つとなったのである。

伝奏を務める晴豊は公武をつなぐ重要人物であり、直政は日頃から晴豊との交際を欠かさなかったことがわかる。もちろん、晴豊の書状は幸運にも現代まで伝えられたものなので、晴豊に限らずそれ以外の武家・公家とも直政が日常的に書状を交わして交際していたことが推察できる。

第三章　徳川一門衆として扱われる

徳川家中での特別な存在

先に、徳川家臣団の中の軍事上の役割という点から見た場合、直政と本多忠勝・榊原康政らほかの家康重臣との間には特段の格差は見られないことを確認したが、豊臣政権によって与えられた官位というものさしによって両者を比較すると、まったく違う側面が見えてくる。直政に与えられた官位は、一大名の家臣の立場を超え、有力大名クラスのものであった。このような特別の扱いを受けたのは、家康重臣の中では直政のみであり、先輩諸将らは家康の家臣としての通常の扱いを受けている。豊臣政権内、あるいは他大名との交際においては、直政は徳川家中で同等の者がいない特別な立場にあったのであった。

では、なぜ直政は豊臣政権内で徳川家臣の立場を超えるような扱いを受けたのだろうか。次に考えを進めていきたい。

秀吉の訪問に見る徳川家中の序列

文禄四年（一五九五）三月二十八日、太閤豊臣秀吉による徳川家康の京都邸への御成《おなり》が行われた。

このときの御成の次第を記した史料「式御成之次第」（名古屋市蓬左文庫蔵）には、家臣の役割分担などが記されている。

この御成は「式正《しきしょう》の御成」と呼ばれる公式な訪問であり、公家・武家ら大勢の相伴衆《しょうばんしゅう》を引き連れての太閤の御成に対し、徳川家では礼法にのっとり接待している。酒盃を交わして一献ごとに家康から進物を献納した後、引き続きその子息たちからの進物が献納された。その中に、家康の三人の子息に交じり、井伊直政が含まれているのである。その順序は、

黄門（徳川秀忠、家康嫡子）
結城少将殿（結城秀康、家康二男）
井侍従殿（井伊直政）
福松殿（松平忠吉《ただよし》、家康四男）

というものであった。

御成での献納は、一門衆からなされるのが通例であることから、直政が徳川一門衆の扱いを受けていたことが指摘されている（原二〇一四）。

一門衆とは、戦国大名以来の家臣団組織で一般的に見られるもので、当主の一門である兄弟・息子や親族らが家臣団の最上層を占めた。大名の家臣団では、侍大将クラスの重臣層が支城を任されて、軍事力をもって当該地域を行政的に統治したが、一門衆もその一角を占めた。一門は当主と主従関係を結んだ臣下ではなく、当主の近親として当主を補佐し、また、最も重要な地域を任されて重臣の最

上層に位置するという関係にある。

ところが、若い頃の徳川家康の家臣団には、一門衆に位置づけられた者はいなかった。もちろん、家康にも母の実家の水野氏、異父弟の久松《ひさまつ》松平氏、娘が嫁いだ奥平《おくだいら》氏などの親族はいたものの、これらの家は支城主や侍大将といった重臣層には取り立てられていない。奥平氏は酒井忠次の組下に組織された東三河衆の一員であり、徳川家臣団での位置づけは、地域を領する国衆というものであった。一時的ではあるが、徳川に一門衆が存在したといえるのは家康嫡子の信康《のぶやす》である。元亀元年（一五七〇）、家康は本拠を浜松に移すと、信康が元の居城である岡崎城主となった。しかし、天正六年（一五七八）、信康は武田への内通を疑われて、織田信長の命令により命を落としていた。

それに対して、井伊氏は西遠江を支配する有力国衆の家柄である。今川氏が戦国大名であった時代の勢力関係を見てみると、井伊と徳川はともに今川配下の国衆であった。その中でも、井伊氏は鎌倉御家人でもあった古くからの家であり、徳川氏よりもはるかに由緒ある名家と認識されていた。井伊氏は徳川氏と並び立ち得る格式の家であるという点で、ほかの徳川家臣とは一線を画する存在であった。家康は、そのような名家の出自である直政を家柄相応に遇したと考えられる。

築山殿の母は井伊氏出身か

一説には、家康正室の築山殿が井伊直平の孫にあたると言われている。直平の娘が今川家臣の関口親永に嫁ぎ、生まれたのが築山殿とする。この説は「井伊年譜」に記されているものであるが、煎本増夫氏はこの記述に着目し、この姻戚関係によって直政が破格に取り立てられたとした（煎本一九七九）。以来、直政の出世の根拠に取り上げられることがしばしばあり、筆者も以前、この姻戚関係をもって家康が直政を親族と認識したと考えたことがあった（野田二〇一五）。しかし、この説がいつ誰によって言い始められたかを探ると、途端にこの説はあやしくなってきた。

「井伊年譜」におけるこの説の叙述は、巻二の冒頭にあり、「天正三年春二月、祥寿公（直政）初めて神祖（家康）に謁して秩二千石を賜う」という漢文調の綱文に続き、その内容が叙述される。

家康公の御簾中築山御前は関口刑部大輔源親永の女にて、直平公の外孫也、右の内縁を以て、二月十五日、家康公御鷹狩の折柄、直政公御年十五歳にて初めて御目見、早速召し抱えらるべきの旨上意にて、御城へ御伴いなされ、則ち築山御前の前へ御伴い遊ばされ、御尋ねの上（後略）

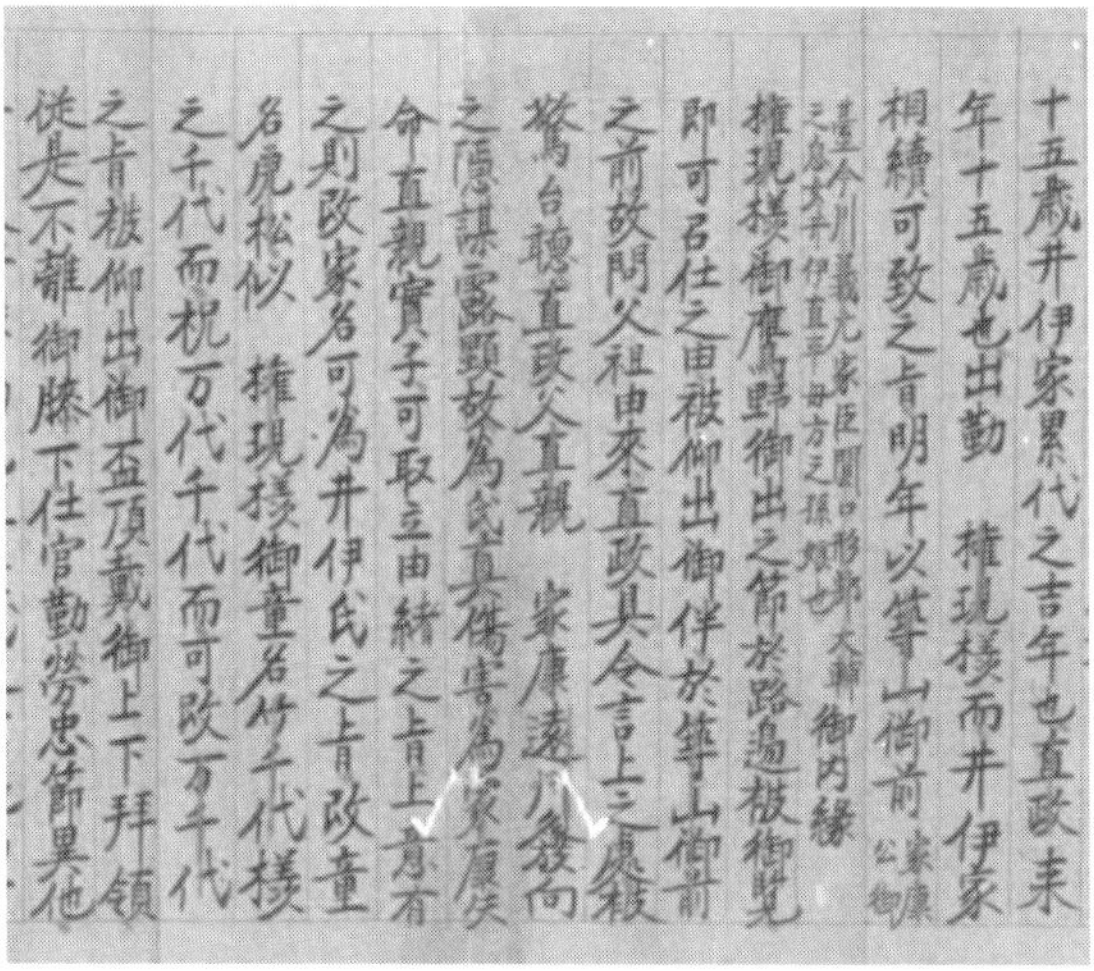
十五歳井伊家累代之吉年也直政来
年十五歳也出勤　権現様而井伊家
相續可致之旨明年以築山御前
権現様御鷹野御出之節於路辺被御見
即可召仕之由被御出御伴於築山御前
之前故問父祖由来直政具令言上
命直親實子可取立由緒之旨上意有
之則改家名可為井伊氏之旨改童
名虎松以　権現様御童名竹千代様
之千代而枕万代千代而可改万千代
之旨被御出御盃頂戴御上下拝領
従是不離御膝下仕官勤労忠節異他

祖山筆「井伊氏系図」　静岡県浜松市・龍潭寺蔵　写真提供：浜松市中央図書館　築山殿が井伊直平の孫娘と記される

「井伊年譜」は、江戸時代中期、享保年間頃に彦根藩士功刀君章が編纂した史書であるが、井伊家に関わるさまざまな文献を入手し、その内容を年代順に並べなおして叙述している。直政の生い立ちについては、龍潭寺住持の祖山が著した「井伊家伝記」や彦根藩士戸塚正鐘による「直政公御一代記」などが基になっている。そこで、この説の元となった表現を探したところ、「井伊氏系図」（龍潭寺蔵）の直政の事績叙述のうちに、次の記述を見いだした。

（前略）明年（天正三年）、築山御前家康公御台、今川義元家臣関口刑部大輔の息女、井伊直平母方の孫娘也御内縁を以て権現様御鷹野御出の節、路辺において御覧ぜられ、即ち召し仕うべきの由仰せ出され御伴い、築山御前の前において父祖の由来を問うゆえ、（後略）

「井伊氏系図」の記述内容の下限は正徳四年（一七一四）であり、年代的にも「井伊年譜」に先行する。また、叙述される位置や表現内容の類似点からも、築山殿の母が直平の娘であるという説は、「井伊氏系図」の叙述が「井伊年譜」で引用されたと判断するのが妥当であろう。

「井伊氏系図」を著したのは、井伊谷龍潭寺の住持・祖山である。祖山和尚は「井伊家伝記」の著者として知られるが、「井伊家伝記」には祖山の創作が加えられており、これをただちに信用することはできない（野田二〇一六）。祖山が「井伊家伝記」を著した目的、つまり当時の井伊家に伝えたかったことは、主に二つある。

一つは、戦国時代の井伊一族は次々と命を奪われて滅亡の危機にあったが、龍潭寺と南渓和尚が尽力して直政の成長に寄与して井伊家が存続できたという点、もう一つは、井伊家は直親（直政の父）の時代から家康に忠義を尽くしていたとする点である。このような作成意図に関わる内容は、史実というより著者が創作を加えた可能性が高い。

とはいえ、祖山の手法はまったく何の痕跡もないところから創作したというより、何らかの伝承を膨らませたようである。例えば、井伊直平は引馬城主であったと叙述されるが、これは史実では完全に否定されている。ただ、引馬近くの頭陀寺城主の松下氏が井伊氏とつながりがあったことは確実なようなので、引馬周辺までが井伊氏の配下にあったという伝承が、引馬城主という話にすり替わったのではないだろうか。

井伊家の菩提寺・龍潭寺　静岡県浜松市

築山殿との関係についても、井伊氏と関口氏が何らかの縁組関係にあったという伝承を、祖山は築山殿の母を井伊氏の娘という話にしてしまったのではないだろうか。関口親永は家康の烏帽子親《えぼしおや》でもあり、駿府滞在時の家康にとって後見人の立場にあった。一方、井伊氏にとっての関口氏も、永禄十一年の井伊谷徳政《とくせい》で関口氏経《うじつね》が井伊氏に徳政実施を求めていることから、井伊氏に対する今川氏側の取次の立場にあったと思われる。松平と井伊が、関口氏を介して近い関係にあったことは確かなのではないだろうか。

徳川氏と姻戚関係を結ぶ

では、直政が徳川一門衆の扱いを受けたのは、どのような関係によるものであろうか。直政の正室は松平忠次（系譜史料では康親《やすちか》とされるが、柴裕之氏によると同時代史料でそのように称したとは確認できないという）の娘であるが、家康の養女として直政に嫁いでいる。天正十一年（一五八三）正月十一日に浜松で祝言を挙げた。

家康は、ほかにも養女を諸大名に嫁がせているが、その時期を見ると、慶長三年に秀吉が死去した後の政治動向のなかで豊臣政権の諸大名と婚姻関係を結んでいるものが多く、養女としているのは異父弟妹である松平定勝《さだかつ》、松平康元《やすもと》、保科正直《ほしなまさなお》室の娘、すなわち家康の姪が多い。直政のように、浜松城主時代の家康が、養女を迎えてまで家臣と姻戚関係を結んだ例はほかに見られず、異例の待遇といえる。

直政への処遇がほかの家康家臣と異なるのは婚姻にとどまらず、これまで見てきたとおり、さまざまな点で見いだせる。まず、天正十年の天正壬午の乱の和睦に際して、それまで軍事経験も外交経験も皆無であるにもかかわらず、直政が北条氏との和議交渉の使者を務めた。北条氏側の使者は当主の叔父にあたる北条氏規であったが、氏規と直政は釣り合う格式を有していたことになる。そうであれば、直政は厳密な意味での家臣＝従者の格式でなかったことは確かであり、徳川一門並の立場にあったとみることができる。

また、天正十四年に家康が豊臣政権から官位を授かった際には、直政もあわせて官位を授かっている。さらに、天正十六年の聚楽行幸直前には侍従の官位を得て、有力大名並の「公家成」の格式を得た。ほかの家康家臣とは異なり、直政だけが豊臣政権内で大名並の処遇を受けたのも、直政が徳川一門として処遇されたことのあらわれと考えれば理解できる。

ではなぜ、直政が徳川の一門衆並に処遇されたのであろうか。そのヒントが、直政の召し出し当初の体制にあると思われる。直政を徳川の配下に入れる準備をしたのは、国衆井伊氏の配下にいた同心衆や一門衆であった。彼らは名族井伊氏の再興を願い、直政を井伊氏の継承者として家康のもとへ出仕させたと考えられる。出仕に際して松下という後見人が付けられ、出仕後も小姓の立場にあった直政へ旧井伊氏同心衆らが付けられているのは、早い段階、おそらく出仕当初から直政を西遠江の旗頭とする計画があったためとみることができる。直政の出仕にあたり、旧井伊配下の者と家康との間では、直政を井伊氏の家名を継承する者として遇することで合意していたのだろう。

ただ、十五歳の少年をどのように処遇するかは、召し出しの時点で確定できることではなく、本人の個性や周辺の状況を考慮して長期的に考えた結果であろう。家康嫡子の信康が存命していれば事情が異なり、直政をそこまで取り立てることはなかったかもしれない。信康を失ったことで、当主名代の任を果たすことができる一門の者がいなくなってしまった。戦国大名らの交渉方法を考えると、北条氏との和議交渉でも見られるように、対外勢力と交渉するにあたり相応の格式を持った一門衆は必要であった。さらに、世は隣国との堺目争いの戦国時代から、信長・秀吉による全国政権樹立へと向かっており、各大名はそれまで以上に軍事力に加えて高度な政治交渉を必要とした。そのため、家康は家柄と交渉能力を兼ね備えている直政を一門衆並に取り立てたとみることができる。

松平忠吉の後見人になる

徳川家と直政の関係を別の点から見ると、先の時点ではあるが、直政の娘が家康四男の松平忠吉に嫁しており、直政は忠吉の舅《しゅうと》という関係となる。これは、忠吉を後見する立場であったことを意味する。忠吉は家康の嫡子である秀忠のすぐ下の弟であり、同母弟でもある。つまり、次世代において秀忠を補佐する最有力な一門衆となるのが忠吉であり、その後見人として直政を付けたとみることができる。

忠吉の弟たちの縁組関係を見ると、いずれも豊臣政権の諸大名の娘を嫁に迎えている。例えば、五男信吉《のぶよし》は武田氏を継承し、秀吉正室の高台院《こうだいいん》の甥の木下勝俊の娘を妻としており、六男忠輝《ただてる》は伊達政宗《だてまさむね》の聟《むこ》となった。義直《よしなお》は浅野幸長《よしなが》の聟、頼宣《よりのぶ》は加藤清正《かとうきよまさ》の聟となっている。それに対して、忠吉だけが家臣と縁組したとみるのは、その格式から考えて適切ではないだろう。直政が徳川家中で大名の格式を持っているからこそ、縁組が成立したと考えられる。

忠吉は、慶長十二年（一六〇七）に早くも死去してしまったが、清洲城主であった忠吉の領地は弟の義直に継承され、尾張藩として継承される。江戸時代、徳川御三家は親族の立場から徳川将軍家を補佐するが、忠吉が存命であれば御三家と同様、あるいはそれよりも将軍家に親密な関係で徳川一門衆として位置したと考えられる。

第四章　北条氏を屈服させた小田原の陣

秀吉VS北条——圧倒的兵力での小田原攻め

秀吉は、朝廷から関白の位を得て天下人となると、天正十五年（一五八七）の九州攻めに続き、関東と奥州の平定をめざした。関東の北条氏や東北の諸大名は、いまだ秀吉に服属していなかったためである。

天正十七年頃、上野国沼田領をめぐって北条氏と真田昌幸が対立していた。天正十年の天正壬午の乱で、上野国は北条氏の領地となったが、真田は沼田を父祖の地として明け渡さなかったためである。この件について、いったんは秀吉が領地の裁定をしたが、北条方がその裁定に反して真田方へ攻撃を仕掛けたことから、秀吉はこれを裁定違反とみなし、北条氏を攻めることを決めた。豊臣政権の強大な軍事力をもって、関東の大国である北条氏を攻め滅ぼす口実を与えたことになったのである。

天正十七年十二月、秀吉は小田原に向けて出陣することを決め、臣従した諸大名へ出陣を命じた。その軍勢の総勢は二十一万とも言われる。豊臣政権に臣従した諸大名たちは、豊臣政権へ奉公する証しとして軍事行動を求められ、この膨大な軍事力をもって、小田原城をはじめ、関東一円に点在する北条方の支城を攻撃した。秀吉方は、諸大名の軍事力で小田原城を取り囲み、長期戦で臨んだ。秀吉自身、小田原城を見下ろす位置に本陣を築き、側室を呼び寄せたり、陣中で茶会を催したりしている。このような姿は、およそそれ以前の陣中とは異なり、圧倒的な兵力で敵が降伏するのを待つというものであった。

家康も、秀吉の命令により小田原攻めに先鋒として出陣した。徳川は北条氏の隣国で、家康の娘を北条氏に嫁がせるなど同盟関係を結んでおり、北条氏の豊臣政権への臣従交渉も徳川が担っていたことから、徳川の対北条の役割は大きいものがあった。

徳川は、東海道の先鋒を命じられ、二月二日に先手の士大将七人へ十五か条の軍法を下した。その七人とは、酒井家次・本多忠勝・榊原康政・平岩親吉・鳥居元忠・大久保忠世・井伊直政である。彼らは二月七日に駿府を出立し、家康も十日に出陣した。

この頃、秀吉から家康に向けて出陣に関する朱印状が下されている。それを受けて家康は直政に書状を送り、早々に妻子を陣所へ連れてくるのがよい、と述べている（『井伊』）。そうすれば、秀吉からの朱印状の内容は、直政や、おそらく家康に対しても、陣所へ妻子を同行させるようにと伝えたのであろう。秀吉は、自身の本陣に側室を呼び寄せていたことはよく知られているが、この書状を見ると、秀吉は諸将にも同様のことをするよう勧めていたことがわかる。

箱根山を越え小田原へ進軍

駿府を出立した徳川勢は、東海道を東に向かい、長久保《ながくぼ》城（静岡県長泉町）に入って秀吉がやってくるのを迎えた後、そこから箱根を越えて小田原へ入ろうとした。三月二十九日、徳川の先手隊として、榊原康政隊・井伊直政隊らが箱根の山越えをして小田原への進軍を開始した。このときの逸話として、このときの先手は榊原隊であったが、直政は家臣の三浦安久を呼び、間道《かんどう》を知らないかと尋ねた。三浦は駿河の出身であり、この地の地理に詳しいと考えたためである。そこで三浦は、細道ではあるが人馬が往還できる道があり、箱根二子山《ふたごやま》の北より険隘《けんあい》な道を進むと小田原城の北、宮城野《みやぎの》という所へ出ると答えた。これにより、直政は三浦に案内役を命じてこの道を進み、榊原隊より一日先に宮城野に到着したという（「井伊年譜」）。

榊原康政画像　東京大学史料編纂所蔵模本

　また、井伊隊には相備《あいぞな》えとして松平康重と松岡刑部が付けられたが、「榊原家伝」（『朝野』）によると、松平康重はもともと榊原康政隊の組下の予定であったが、直政が、康重とは義兄弟（直政正室の兄弟）という関係なので同行することを願ったため、榊原隊から井伊隊へと移ったという。このような話が残るのは、康重は地元の三枚橋《さんまいばし》（静岡県沼津市）城主であり、箱根の山越えをして小田原に入る先手を康重が担い、宮城野で北条方の兵と戦って首八十余級を討ち取ったが、榊原としてはこのような戦功を挙げた松平康重は、本来は榊原隊に属すはずであったという思いが込められているのであろうか。

これらの話は、康政と直政のライバル関係をもとにした逸話という性格が強そうであるが、軍功を競いあい、それが成果につながる関係にあったのであろう。

さて、徳川各勢は箱根の山を越えて小田原城を囲む位置に布陣した。家康は小田原城の東方、今井に布陣し、徳川方の各隊もその周辺に陣を敷いた。井伊隊は、家康本陣よりも浜側にある東海道沿いの山王原に布陣した。

徳川をはじめ諸大名の軍勢が小田原城を取り囲んだが、戦闘はほとんど行われなかった。その中で唯一といってもいい戦闘が、六月二十二日、井伊隊・松平康重隊が行った篠曲輪《ささぐるわ》への夜襲であった。篠曲輪は小田原城外郭の山王口の外に築かれた出丸である。井伊・松平隊は篠曲輪を落として旗を建てたが、北条方が城中より出てきて防戦し、味方の援軍もなくそれ以上攻め入ることができなかったため退いた。ただ、ここで曲輪を落とし、敵兵を討つという戦果を挙げたことは大きかった。翌二十三日、直政は昨夜討ち取った敵首四百余を家康を通じて秀吉のもとへ送ったところ、秀吉は小田原を包囲して以来の戦果に感悦したという。

この戦いで一番首を挙げた近藤季用と長野業実は、家康のもとに召し出されて褒美を受け取った。

近藤は、「井伊谷三人衆」の近藤康用の孫である。長野には備前三郎国宗の刀が下された。ついで両名は秀吉の本陣へ召し出され、秀吉に対面して褒美として近藤には南部黒の馬と胴服、長野には栗毛の馬が下され、さらに杉原長房《すぎはらながふさ》の陣屋で料理を賜った。このように、数少ない戦功を挙げた二人を褒賞することで、この勝利が大きいものであったと印象づけられた。

津久井城跡の堀切　神奈川県相模原市

諸城の攻略に向かった井伊勢の別働隊

井伊隊の主力は山王原に布陣していたが、本多忠勝、鳥居元忠、平岩親吉の部隊は豊臣部将の浅野長政とともに武蔵・上総・下総の各城の攻略に向かった。本多隊は浅野隊とともに岩槻《いわつき》城（埼玉県さいたま市）を攻撃したが、この中に井伊隊に付けられていた鈴木重好《しげよし》がおり、五月の合戦で手傷を負っている。井伊隊に附属している組が、井伊本隊を離れて本多忠勝らの軍勢に属して周辺各城の攻略に加わっていたことがわかる。

そのほかにも、直政の同心で周辺の攻略に向かっていた者がいる。三浦安久は、四月中旬までには鉄砲足軽を率いて北条方の守る津久井《つくい》城（神奈川県相模原市）方面へ向かっている。「す、かき高沢の小屋、ひなた薬師かこい」を直政から命じられたといい（「三浦十左衛門家文書」）、日向薬師《ひなたやくし》（神奈川県伊勢原市）、すすかき（煤ヶ谷、清川村）といった相模北部の津久井方面へ向かった。三浦らは現地から鉄砲を追加して送ってほしいと依頼してきたため、家老の木俣守勝が四月十六日と十七日に送る差配をしている。武器を増強した成果であろうか、敵兵を討つ戦果を挙げ、十九日付で秀吉からそれを称する内容の感状が出された。

　付井（津久井）より敵出で候ところ、足軽を遣わし首二これを討ち捕り、到来す、尤《もっと》もの働きに候、いよいよ方々油断なき義肝要に候、なお浅野（長政）弾正少弼申すべく候也

　卯月十九日　（豊臣秀吉朱印）

　　井伊侍従とのへ

あわせて、浅野長政から三浦と岡部弥右衛門に宛てて添状が出されている。

　尚以《もっ》て、御朱印の日付を見合され、日付のさき次第に申し付けらるべく候、以上
す、かきの小屋御朱印両通在るの由に候、何なりとも先次第に申し付けられ尤に候、日付次第たるべく候、恐々謹言

　四月廿日　浅野弾正長吉（花押）

　　岡部弥右衛門殿
　三浦（安久）十左衛門殿　まいる

（二通とも「三浦十左衛門家文書」）

これらの文書から、三浦と岡部弥右衛門は、鉄砲足軽を伴ってすすかき（煤ヶ谷）の小屋に入り、

津久井城の敵と戦い、敵の首二つを討ち取ったことがわかる。敵の首が秀吉のもとに届けられると、それに対する感状は三浦方の侍大将にあたる直政に宛てて出され、武蔵方面を統括している浅野からの添状が、実際に武功を挙げた本人宛てに出された。岡部は今川旧臣で徳川に仕えた岡部正綱の一族であろうか。三浦も今川旧臣なので、両者は旧知の関係かもしれない。

三浦は四月十九日以前に敵を攻めているが、これは本多忠勝や浅野長政らが本格的に武蔵方面へ兵を向けるより前のことであった。井伊隊は、小田原に入るとすぐに別働隊を周辺に派遣していたことがわかる。三浦は、箱根の山越えの際に山間の道を案内したという逸話があるとおり、周辺の地理に詳しかったようである。それを買われて三浦が津久井方面へ兵を向けることになったのであろう。

小田原開城時のハプニング

七月五日、北条氏は豊臣方に降伏して小田原城を明け渡した。これにより戦国大名の北条氏は滅亡し、その領地の関東一帯が豊臣政権の支配下に入った。小田原城の受け取りには、秀吉の家臣に加えて、徳川勢から直政と本多忠勝・榊原康政が向かい、彼らが戦後処理を担当した。彼らの職務の一つに、敗軍方の諸将への対処があった。敗軍の責任者として前当主の北条氏政とその弟の氏照が切腹することになったが、彼らの切腹は城の受け取りを担当した諸将が実行し、その場に立ち合った。

七月十一日、小田原城中で氏政・氏照の切腹が行われたが、その場でちょっとした事件が起こる。氏政と氏照が切腹を遂げたところ、その場に従っていた氏照の小姓の山角定吉《やまかくさだよし》が氏照の首を持ち去ろ

北条氏政・氏照の墓　神奈川県小田原市

うとしたため、それを取り押さえた。定吉がそのような行動に出たのは、切腹の場で豊臣方の兵が狼藉に及んだためであり、定吉は氏照の首を検使役の直政・榊原康政に差し出して、定吉自身も自害しようとしたのであった。それに対し、直政が定吉の刀を奪ってそれを制した。

この一件を家康に言上したところ、家康はその勇気を惜しみ、定吉を兵士に護衛させ、自害を止めさせた。その後、定吉は剃髪して高野山に入り、私費で氏照の葬祭を行った。家康はこれを聞いて主君想いの行為を賞し、直政に命じて彼を召し出し、領地を授けて旗本に取り立てた。定吉の養子惣領の家系は旗本の家として継承され、定吉が隠居してから生まれた実子は井伊家に仕えて、その家系は彦根藩士として継承されている（『寛永系図』「侍中由緒帳」）。

敗軍方の大将の切腹を執り行う緊迫した場面でハプニングが起こり、直政がとっさの判断で適切に対応してうまく収めたことがわかる。直政はこのような対応能力を持ち合わせていたことがよくわかる一件であろう。

第五章　関東に移り箕輪城主となる

箕輪十二万石の城主へ

北条氏の滅亡後、秀吉は家康に旧北条領への国替えを命じた。これにより、家康は関東八国を領して江戸を新たな本拠地とし、家臣たちは先祖以来の領地から切り離され、関東各地に新たな領地を得ることとなった。その中で、井伊直政は上野国箕輪《みのわ》（群馬県高崎市）に十二万石の領地を得たが、この知行高は家康家臣の中で最大のものであった。領地の多寡は身分序列に直結することから、直政は家康家臣のトップに躍り出たことを意味する。ただ、直政は天正十六年（一五八八）に豊臣政権から侍従の官位を授かっており、その意味ですでに他の家康家臣より高い格式となっていた。それがこのときの知行高に反映されたのである。

直政を箕輪に配することは、秀吉の意向が働いていたようである。八月七日付で秀吉から直政に宛てた朱印状（『井伊』）では、「直政が箕輪へ入ったことを聞いて満足に思う」、「知行方を改め、普請を申し付けるように」、「箕輪城が落ち着くようにと考え、兵粮を下した」、「其方のことを内々に家康へ懇々と言い聞かせたので、家康から聞くように」などと述べている。

箕輪周辺は関東平野の最北西に位置しており、信濃や越後から関東へ向かう街道が通る交通の要

箕輪城跡の石積み　群馬県高崎市

衝であった。北関東は徳川の領地内ではあるが、この後、豊臣政権が奥州に兵を向けることを考慮して、奥州に対する押さえとなるような軍事配置とすることを秀吉は望んでいたのであろう。直政が箕輪に入ったことは、そのような秀吉の意向に沿ったものであったため、「満足に思」ったと考えられる。秀吉は箕輪城の普請を指示しているが、これも奥州に対する拠点としての整備を早急に進めるようにということであろう。それにしても、秀吉が直政のことを「内々に家康に懇々と言い聞かせた」のは、どのような事柄であったのであろう。その内実は計り知れないが、秀吉が直政に対して特段の思いを抱いていたことは推測できる。

　箕輪城は、榛名山《はるなさん》の東南麓の高台に築かれた平山城《ひらやまじろ》で、戦国時代には西上州《にしじょうしゅう》の有力国衆である長野氏の居城であった。室町時代には、関東管領《かんとうかんれい》を務める山内上杉《やまのうちうえすぎ》氏が上野国の守護としてこの地に勢力を持っていたが、戦国時代になると、上杉氏の家督相続をめぐって内紛が生じ、ここに北条氏が進出して上杉氏と対立し、さらに甲斐の武田氏も西上州への進出をはじめ、周辺の戦国大名による争いの場となった。

天文二十一年（一五五二）に上杉憲政《のりまさ》が北条氏の勢力に押されて越後の長尾景虎《ながおかげとら》（のちの上杉謙信《けんしん》）

を頼ると、箕輪城主長野業政《なりまさ》は西上州を掌握して北条や武田に対抗したが、永禄四年（一五六一）に業政が亡くなると、武田信玄が西上州への侵攻を進め、永禄九年、武田氏に攻められて長野氏の守る箕輪城は落城した。信玄は箕輪城を上野支配の拠点とし、家臣の内藤昌豊《ないとうまさとよ》が箕輪城代としてここに入った。昌豊が長篠合戦で討ち死にした後は、その子の昌月《まさあき》が城代を引き継いだが、天正十年、武田氏の滅亡によって、織田信長家臣の滝川一益《たきがわかずます》が箕輪城に入った。

しかし、まもなく本能寺の変が起こり滝川の権力基盤が失われると、北条氏が上野に兵を向けたため滝川は敗走し、上野国は北条が領することになる。その後、北条氏は豊臣秀吉との戦いに備えて各地の城を改修したが、箕輪城も籠城戦に備えて修築された。小田原の陣では主要な武士は小田原に参陣して籠城したため、箕輪城や周辺の城は地元の土豪らによって守られたが、豊臣方の圧倒的な軍事力を前に抵抗を続けることはできなかった。

このように、箕輪城主長野氏が滅亡した後、当地の支配者は武田、織田、北条といった外部勢力が短期間に交代しているが、それぞれの勢力が箕輪を重要地点と認め、地域支配の拠点としていた。

井伊家が箕輪に入ると、まず城郭の整備を開始した。本丸を中心とした縄張りを造り替え、本丸・二の丸・御前曲輪などを堀で囲み、大手には丸戸張という出丸を築いた。また、大手の南側に城下町を築き、商工業者を住まわせた。

新たな家臣団の形成

直政が箕輪十二万石の領主となったことで、直政の配下にいた者にも大きな変化が訪れる。彼らの多くは、それまでは家康の家臣であり、家康の命令で直政の配下に属し、直政を政治的・軍事的に支えるという関係であったが、これを機に直政との間に主従関係が築かれ、彼らには十二万石の中から知行が与えられた。それは、彼らにとっては本領から離れることを意味する。本領を離れてでも大名の家臣として生きていくか、父祖以来の土地で生きていくかの選択を迫られたのである。これは、徳川家臣全般にいえることで、徳川家臣の中には、本領に残って帰農することを選んだ者もいた。

井伊家の家臣で、その後の具体的な動向が判明する者として、早川弥惣左衛門の例がある。弥惣左衛門は、それまで甲斐中尾郷（山梨県笛吹市）に居住していたが、直政の箕輪移封に従って本領を離れた。箕輪で新たに知行地を受け取ったと思われる。その後、慶長六年（一六〇一）に佐和山へ移った際には知行一五〇石を受け取っている。しかし、その子は幼少だったため甲州に残しており、弥惣左衛門の没後も、その子は病気ということで彦根に出てきて井伊家に仕えることはなく、そのまま甲州で牢人として暮らしたという（『譜牒余録』「早河団右衛門」の項）。早川は、本領に家族を残したまま本人は甲州を離れたが、次の世代では井伊家の家臣として家を継承させるという選択をしなかった。

ほかにも、箕輪移封の段階で同行しなかった者や、その後井伊家を離れた者、早川のように一代だけは井伊家に仕えたが次世代へ継承されなかった者がいたことであろう。このような動向が記録として残ることは稀であるが、早川と同様、本領にとどまることを選んだ者は少なくなかったと思われる。

　一方、新たな領地に入ると、在地の有力者を新たに家臣として召し出している。上州の在地勢力で、箕輪時代の井伊家に召し出された家臣としては、宇津木《うつぎ》、岡本《おかもと》、和田《わだ》、五十嵐《いがらし》、八木原《やぎはら》などがいる。

　宇津木氏は福島玉村（群馬県玉村町）を本拠とする領主で、武田勝頼、北条氏といった当地の大名権力の配下にあった。北条氏のもとでは、天正十五年、豊臣秀吉との戦いに備えて、箕輪城を修築するために人足《にんそく》を出すよう北条氏から命じられている。北条氏滅亡後に箕輪城主となった直政は、宇津木氏久《うじひさ》に仕官するよう説得するが、氏久はこれを断ったため、家康からの言葉を得て、嫡子の泰繁《やすしげ》がその代わりに出仕した。泰繁には福島に六〇〇貫の知行が与えられ、それに加えて氏久にも隠居領として二五八貫三三〇文が与えられた。これにより、宇津木氏の旧領がそのまま安堵されることとなった。その後、泰繁は高崎時代より足軽大将を務めている。また、のちに井伊家が庇護した砲術師稲留一夢《いなどめいちむ》の弟子となり、鉄砲の調達や砲術の伝授を担った。

　井伊家の軍法師範を務めた岡本宣就（初名は業辰）も上州の出身である。「貞享異譜」によると、上州

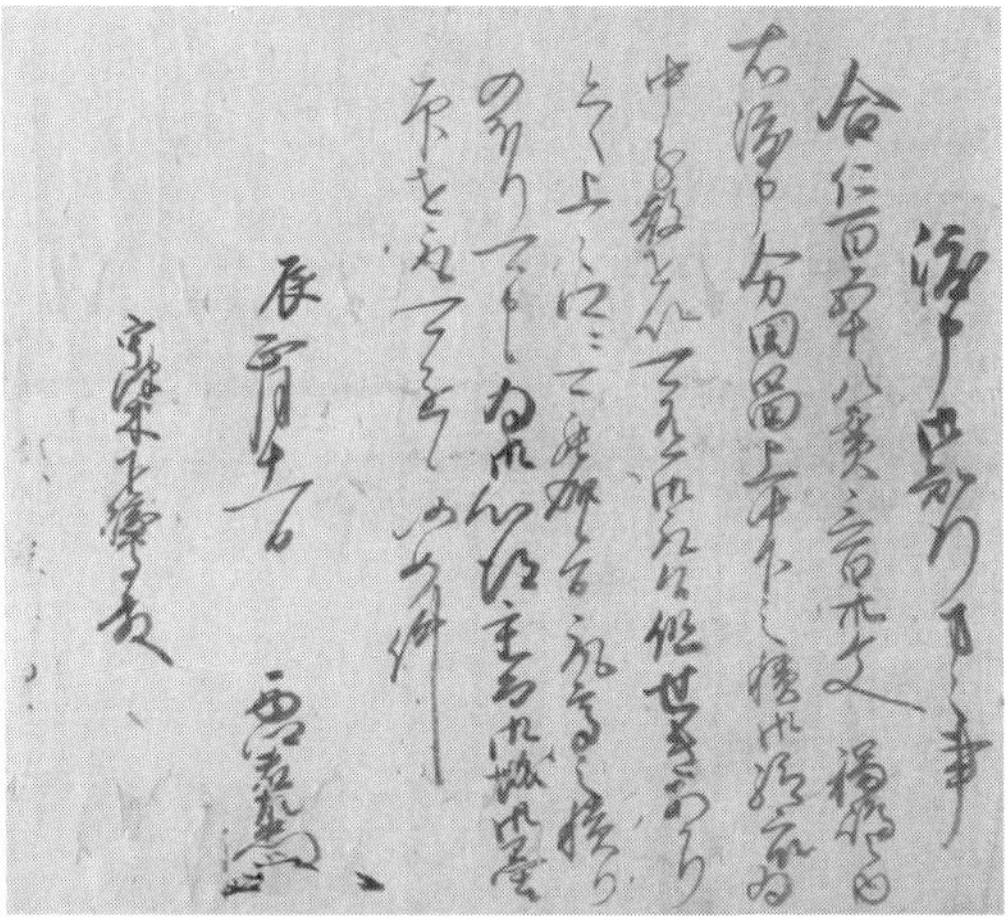

宇津木氏久宛て知行宛行状　世田谷区立郷土資料館蔵　宇津木氏本領の福島の内から隠居料として知行が下された

岡本村（群馬県富岡市）の出身で、父は熊井戸《くまいど》美作守業実《なりざね》といい、小幡《おばた》上総介信真《のぶざね》の組付の者であったという。宣就は上泉《かみいずみ》流軍学と大江流の軍礼を学んでおり、これをもって井伊家の軍法師範を務めた。上泉流軍学とは、箕輪城主長野氏の家臣とされる上泉伊勢守信綱《のぶつな》を祖とする兵法のことである。

そのほか、戦国時代に長野業政のもとに集まった「箕輪衆」の中には和田氏、八木原氏らがいるが、慶長七年の分限帳《ぶげんちょう》に和田右兵衛、八木原半七、八木原伊勢らの名が見える。また、五十嵐半次・半平兄弟は「上州倉金」（倉賀野）城主の倅という出自を称している。

それ以外の北条旧臣としては、武蔵八幡山（埼玉県本庄市）城主の家柄であった横地吉晴《よしはる》、北条氏の旗頭とする八木加賀などがいる。また、朝比奈《あさひな》藤右衛門泰広《やすひろ》は今川配下にあったが、今川滅亡後に北条配下にあり、北条の滅亡後に井伊家に仕官したという。懸川城主朝比奈泰朝の一族であろうが、泰朝は戦国時代の井伊氏と因縁があり、直政の父である直親を謀殺した人物であるため、彦根藩士となった朝比奈氏は詳細な由緒を彦根藩に提出しなかったのであろうか。

異色な経歴の者として、滝川一益の旧臣の川喜多正良や八田知義がいる。両者は伊勢の出身で、天正十年に武田氏が滅亡した後、織田信長の重臣滝川一益が上野国に入ったのに従ってやってきたが、本能寺の変により一益が上州を去った。両者はこれに同行せず、またはできなかったというのが正確かもしれないが、いずれにせよ上野に残って牢人となっていた。直政の箕輪入部により、その家臣に召し出されたという（「貞享異譜」）。また、少し先になるが、文禄四年（一五九五）に豊臣秀次が滅びた後、その家臣で新たに井伊家に仕官した青木重純、小林正良もいる。

このように、上州の地元の者をはじめ、主君を失った者を新たに家臣に加えることで、直政はその家臣団を増強させていった。

表5　箕輪・高崎時代の新規家臣

名前	諱	石高（慶長七年）	出身	旧主、出自
石原主膳		二〇〇〇	武蔵石原村	北条家老
庵原助右衛門	朝昌	二〇〇〇	駿河庵原	今川→武田→戸田氏繁（勝隆）→慶長元年召し出し
和田右兵衛		一五〇〇	上野和田	
岡本半介	業辰→宣就	一五〇〇	上野上村	小幡衆
横地監物	吉晴	一〇〇〇	武蔵八幡山	八幡山城主横地監物吉勝長男、北条家臣
青木五郎兵衛	重純	一〇〇〇	近江菩提寺	青木三河守梵賢子、豊臣秀次→牢人→慶長元年召し出し
宇津木庄三郎	泰繁	八〇〇	上野福島	氏久の嫡子
宇津木下総	氏久	二〇〇	上野福島	福島玉村の領主、北条配下
海老江勝右衛門	里勝	六〇〇	駿河	今川→大須賀康高→徳川直臣→高崎で召し出し
小林仁左衛門	正良	六〇〇	山城小林	豊臣秀次家老大西正忠嫡子、父殉死、慶長三年召し出し
里見内蔵允	義政	五〇〇	安房里見	北条→牢人→箕輪で召し出し
朝比奈藤右衛門	泰広	五〇〇	駿河	今川→北条方松田尾張→天正十九年召し出し
加藤権太夫	高正	（五〇〇）	駿河	三浦五郎右衛門高連の弟、高崎で召し出し
五十嵐軍平	政高	四〇〇	上野倉金	倉金城主五十嵐紀伊守家常の二男
五十嵐半次		一〇〇	上野倉金	倉金城主五十嵐紀伊守家常の嫡子
富上喜太夫	因就	四〇〇	伊勢	北条→天正十九年召し出し
吉川長左衛門	智長	四〇〇		箕輪で召し出し
勝五兵衛	俊重	三五〇	三河	足助殿→徳川直臣→箕輪拝領時に召し出し
所藤内	具勝	三〇〇	伊勢丹下	岡部内膳正を退き、慶長三年召し出し

渥美与五左衛門	広勝	三〇〇	三河	大須賀康高→牢人→天正二十年召し出し
川喜多庄兵衛	正良	二〇〇	伊勢	滝川一益→牢人→慶長元年召し出し
仙波久右衛門	昌之	二〇〇	相模小田原	北条→徳川直臣→高崎で召し出し
加藤彦太夫	重辰	一五〇	下野相馬	古流射術
八木三太夫	盛次	（一五〇）	相模土肥	北条旗頭八木加賀守の子、北条→牢人→高崎で召し出し
八木原半七		一二〇	上野八木原	長野衆
小幡善右衛門	実吉	一〇〇	相模土肥	土肥和泉守の子、武田→牢人→慶長元年召し出し
八田弥次兵衛	知義	一〇〇	伊勢八田	滝川一益→牢人→天正十九年召し出し
江坂又兵衛	広義	七〇	相模小田原	北条→牢人→高崎で召し出し
轟弥太郎		五〇	武蔵	関ヶ原陣までに召し出し
浅居久左衛門	重茂	五〇	上野	箕輪で召し出し、蔵手代
八木原伊勢		四三・五六	上野八木原	鷹匠
宮崎十右衛門	安実	二五	遠江横須賀	大須賀忠政→牢人→慶長元年召し出し
小池治郎右衛門			上野箕輪	文禄二年召し出し、川除奉行、慶長五年死去
関四郎兵衛			上野松居田	足軽

名前、石高は「慶長七年分限帳」（『新修彦根市史六巻』223）のものを採用し、他史料に拠った場合は（　）をつけた。諱、出身、旧主・出自は「侍中由緒帳」「貞享異譜」等による。

関東移封後の徳川軍制

徳川家康が江戸へ移り、家臣たちも加増されて新しい領地を得たが、それを機に徳川家臣団の軍制にも改変が見られる。家康は豊臣政権の一翼を担う存在となり、在京することも多くなる。そのような家康を護衛するため、直政と本多忠勝・榊原康政・平岩親吉・石川康通を隊長とする五つの組番が編成され、一番ずつが上洛の供奉をするよう定められた（『寛政譜』榊原康政、石川康通）。

いずれも、天正十三年に改められた軍事体制で大将とされていた者やその後継者であるが、関東移封によって直政・忠勝・康政が十万石以上の所領を得た。このことにより、名実ともにこの三名が政務・軍事の両面において徳川の中核を担う重臣となったと言えるであろう。関東移封から関ヶ原合戦後までの約十年間は、彼らが家康の宿老として活躍した時期である。

この時期の豊臣政権からの要請に基づく軍事動員を見ても、三宿老が交代で働いていることがわかる。本多・榊原両隊と対比しながら井伊隊の動向についてみていこう。

奥州九戸城攻め

天正十八年（一五九〇）七月に北条氏を滅ぼした秀吉は、引き続き奥州に向かい、全国統一の最終段階として奥州《おうしゅう》仕置《しおき》を行った。しかし、秀吉が帰洛した後、秀吉に反抗する勢力が挙兵する。大崎《おおさき》・葛西《かさい》一揆や九戸《くのへ》政実《まさざね》の乱などである。それを平定するため、秀吉配下の大名に加え、関東に移封された徳川へも出兵が求められた。奥州仕置で改易された大崎氏や葛西氏の旧臣による一揆へは、徳川の部隊からは榊原康政隊が出陣し、浅野長政らとともに対処している。

翌天正十九年には、奥州南部氏の一族内の対立から九戸政実が挙兵するなど、豊臣政権の「惣無《そうぶ》事《じ》」に反抗する動きが見られることから、豊臣政権は豊臣秀次を総大将にして奥州に向けて出兵した。徳川へも出兵が命じられ、家康みずから岩手沢（のちの岩出山《いわでやま》、宮城県大崎市）まで出陣して榊原康政・本多忠勝らとともにそこに滞在した。

このとき、井伊隊は徳川の部隊を代表して九戸城に籠もる一揆に向けて出兵し、八月二十二日より

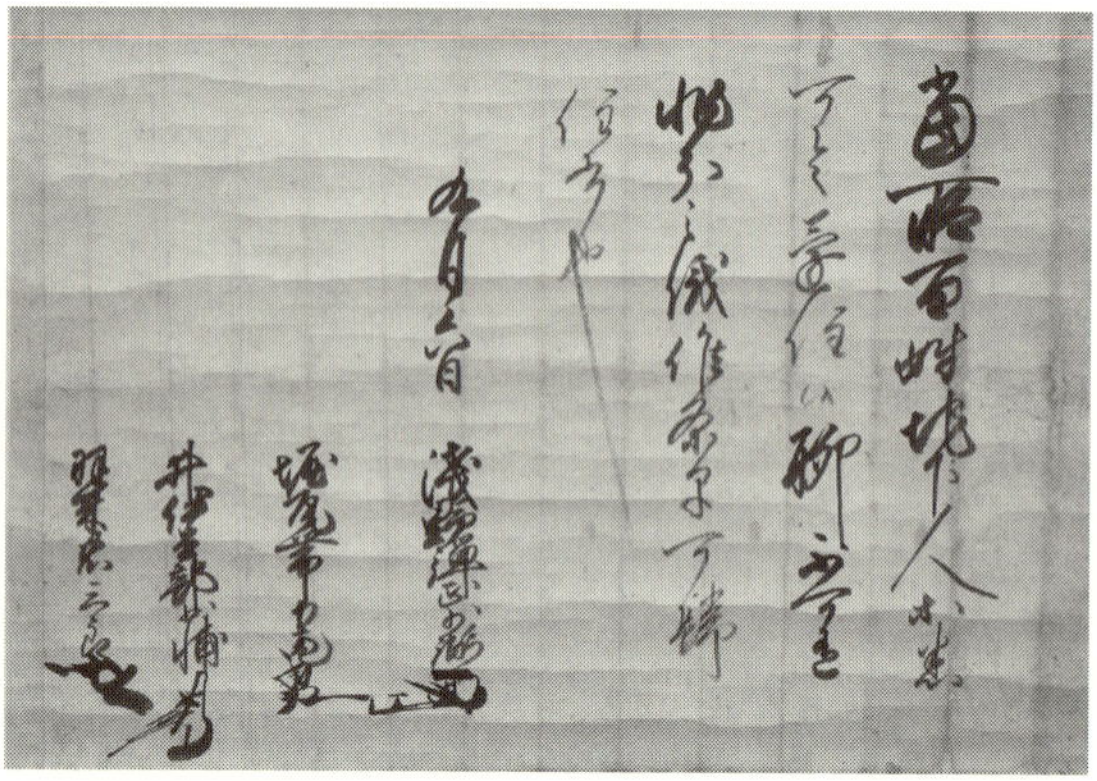

蒲生氏郷外三名連署地下百姓帰住布達文　もりおか歴史文化館蔵
九戸落城後の天正19年9月6日、百姓へ還住を命じた

蒲生《がもう》氏郷《うじさと》・浅野長政・堀尾《ほりお》吉晴《よしはる》ら豊臣諸将ととも九戸城攻めを行った。蒲生氏郷は、小田原落城後に新たに会津若松城主となり、豊臣政権における奥州平定の責任者ともいえる立場にあり、この戦いでも主導的な立場にあった。浅野長政は奥州仕置の責任者であり、天正十八年に各城を制圧していったん長政が戻った後も、家臣が代官として現地支配に従事していた。つまり、この両名が現地と交渉して統治する平時の行政的な任にあった人物である。

それに対して、直政と堀尾吉晴は、豊臣政権に対する「反乱」を鎮圧するため派遣された豊臣政権の軍事部隊とみなすことができる。このときの総大将は豊臣秀次で、堀尾はその重臣であった。家康の出陣も秀次に次ぐ主要な部隊と位置づけられていたため、両名の重臣である堀尾と直政の部隊が九戸城包囲戦へ向かったといえる。井伊隊は豊臣政権下の一部隊として出陣しており、九戸城の包囲戦で豊臣諸将と同列の立場で行動し、また、戦後処理においても百姓への還住命令などは、蒲生ら三名と直政が連署して命令を出した（もりおか歴史文化館蔵、写真）。豊臣政権で侍従という官位を得ている直政は、豊臣諸大名との関係では、陪臣ではなく対等な関係で行動していたことがうかがえる。

朝鮮出兵では江戸城の留守を守る

文禄元年（一五九二）、豊臣政権は朝鮮出兵を開始し、多くの大名が九州に向かい、さらに朝鮮半島に渡った。徳川家康も文禄元年から翌年にかけて、朝鮮出兵の拠点となった肥前名護屋城《なごや》（佐賀県唐津市）に赴いた。

朝鮮出兵に際して家康に供奉したのは本多忠勝であった。直政は榊原康政とともに江戸で留守を守り、新たな徳川の本拠となった江戸城の普請《ふしん》に従事している。朝鮮半島での軍事に関しては、直政は家臣の三浦安久らを現地に派遣していたことが、関所切手《せきしょきって》が現存していることから確認できる（「三浦十左衛門家文書」）。

また、同年十月、朝鮮出兵を断った多賀谷重経《たがやしげつね》に向けて、秀吉からの使者とともに直政と康政が下妻《しもつま》城（茨城県下妻市）に出兵している（「家忠日記」）。

このように、関東移封以降、豊臣政権によって徳川に軍事動員が命じられると、井伊、本多、榊原の部隊は交代で出兵していたことが確認でき、三名の役割が固定していたとはいいがたい。強いて挙げるなら、小田原の陣の吉例により榊原康政が先手を務めることになっており、関ヶ原の前の会津出兵でもそのとおりであった（『寛政譜』榊原康政）。それに対し、直政は九戸出兵や関ヶ原合戦では豊臣諸将と行動を共にしているという程度である。これも配備上の違いであって、軍事上の負担に格差がつけられたわけではない。直政と本多・榊原の間には、知行高では二万石の差があったが、それが軍事体制上に反映された痕跡は見あたらない。

第Ⅲ部　八面六臂の活躍をみせた関ヶ原合戦

直政公出陣之繪圖　滋賀県彦根市・長松院蔵　直政 300 年祭に際して描かれたもの。直政火葬の地に建てられた長松院に伝わる

第一章　秀吉没後の危うい政局

朝鮮からの撤兵問題

秀吉が死去した慶長三年（一五九八）八月当時、家康は上洛していたが、直政は、家康を警固する在京番士を率いて伏見《ふしみ》近くの藤森《ふじのもり》に滞在していた。

秀吉の死後、豊臣政権の最初の課題となったのは、朝鮮半島へ派兵していた諸将を撤退させることであった。家康は、豊臣政権の大老という立場にあって、諸将へ撤退命令を下している。実際には、徳永寿昌《とくながながまさ》と宮城豊盛《みやぎとよもり》が朝鮮半島へ渡り、浅野長政と石田三成が博多に向かって対処した。

この時期の直政について、次のような話が伝わっている。五奉行が徳永寿昌に対し、秀吉の遺言として朝鮮に渡って兵を帰国させるよう命じたところ、寿昌はこのような重要事を秀吉生前に聞いていないので承ることはできず、家康の命令であれば従うと言ったため、家康からの使者として直政が赴き、「寿昌朝鮮におもむき兵をひきひ（率）て帰朝せは寿昌か忠功をつくすのみにあらす大権現（徳川家康）御一代の規模ふりごとし、仰にしたかはさるにおいては大権現みつから朝鮮に渡海し給わん」と伝え、寿昌が渡海しなければ家康みずからが行くと述べて、寿昌を説得したという（『寛永系図』徳永寿昌）。

この話は徳永から江戸幕府へ事績を提出したものであり、家康への忠節を多少誇大に表現したとしてもまったくの創作を記載することは考えられず、家康が直政を寿昌のもとへ派遣して、朝鮮渡海を承引させたことは確かと考えられる。

その後、家康は五大老の連署状、あるいは単独で出兵中の諸将にたびたび書状を送り、年内に諸将を帰還させた。秀吉の死去から年末までは、豊臣政権の最重要課題として朝鮮からの撤兵問題があり、それが一段落して、翌慶長四年正月十日に豊臣秀頼《ひでより》と前田利家《としいえ》が大坂城に移るまでは、及ばずながらも五大老による合議政治が働いていたとされている。

しかしながら、家康は慶長三年の段階で、諸大名との間で新たな関係を築きはじめている。周知のものに、家康が伊達政宗・福島正則《ふくしままさのり》・蜂須賀家政《はちすかいえまさ》と婚姻関係を結ぼうとして、ほかの大老・奉行から糾弾された一件がある。そのほかにも、この頃井伊直政を仲介として、重要な意味を持つ盟約関係が結ばれていた。

黒田如水・長政との盟約

それが、黒田如水《くろだじょすい》（孝高《よしたか》）・長政《ながまさ》父子との盟約である。

黒田孝高は播磨の出身で、孝高の父職孝《もとたか》は播磨の守護赤松《あかまつ》氏の重臣であった小寺政職《こでらまさもと》の家老を務めた人物である。孝高も小寺氏の家老であったが、豊臣秀吉が織田信長のもとで播磨を攻略する中でその配下に入った。秀吉がさらに西に勢力を進め、毛利氏ら中国地方を攻略した際に秀吉方を代表して毛利との和議交渉を担ったのが、孝高と蜂須賀正勝であったことはよく知られている。その後、毛利

黒田如水画像　福岡市・光雲神社旧蔵

氏に対する豊臣政権の公的な取次の役割は、孝高から離れて石田三成へと移ったが、孝高と毛利氏との親密な関係が途切れたわけではなかった。

また、孝高の嫡子である長政は、幼少期に長浜《ながはま》城主時代の秀吉に預けられて秀吉正室のおねのもとで育っており、加藤清正や福島正則らとは長浜城時代以来の仲であった。

このような黒田父子と直政の間で、朝鮮半島からの撤兵の最中より、書状のやりとりが活発となる。慶長三年十一月、如水は朝鮮半島から撤退して大坂まで戻ってきた段階で、直政に宛てて書状を送った。その書状は現在伝わっていないが、これに対して家康から如水に宛てた返書が残っている（『黒田』）。十一月十六日付のもので、朝鮮出兵から帰国してきたという如水の報告を受け、まもなく伏見で対面して話をしようという内容である。如水はこの後まもなく上洛し、二十五日までに伏見で家康と対面した。このときの話の内容は伝わってはいないが、十二月に直政と長政が起請文を交わしているので、それに至る話がなされたものと推測できる。

では、両者が交わした起請文では、どのようなことを誓約したのか。交わされた意味を見ていきたい。まずは、その内容を確認していこう。

慶長三年十二月二十五日付で、黒田長政から直政に宛てた起請文と、それに対応する内容で直政から長政に宛てた起請文が作成され、互いに相手へ渡された。

長政からの起請文は、

一、内府様へ別して御意を得申し候上は、貴所に対し、表裏・ぬき公事仕《つかまつ》るまじき事

一、何様《いかよう》の儀仰せ聞かされ候共、聊《いささ》かも他言仕るまじき事

一、勿論貴所に対し、疎略存ぜず候事

【現代語訳】

一、家康へ別段の御意を得た上は、直政へ表裏（うそ偽り）・ぬき公事（ごまかし）をしない。

一、直政からどのようなことを聞かされても、他の者へそれを言わない。

一、直政のことを疎略に思わない。

という三か条を誓約している。

この起請文の主眼は、一条目にある「内府様へ別して御意を得」た、すなわち黒田父子が家康と特別な関係を結んだことを前提として、長政が直政に対して偽りは伝えないし、直政から聞いたことは他言しないと、両者の間で情報共有できる信頼関係を結ぶことを誓約している。

それに対する直政からの起請文では、

一、内府に対し、御入魂《じっこん》に付いて、拙者へ御無沙汰成さるまじきの段、御誓紙御意を懸けられ候、

一、貴殿に対し、此の上の儀は、ぬき公事・表裏・御無沙汰仕るまじき事
但し内府へ万一御違い候わば、申し合わする儀も相違申すべく候事
一、御隠密に仰せ聞かされ候事、他言申すまじき事
忝《かたじけな》く存じ置き候事

【現代語訳】
一、家康に対して入魂にするので、直政へ無沙汰にしないという誓紙を出されたので、それを存じ置く。
一、長政に対し、今後ぬき公事・表裏・無沙汰をしない。
ただし、万一家康への対応が誓約と異なれば、こちらから言うことも異なることになる。
一、内密に伝えてきた事は、他言しない。
（二通とも『黒田』）

と誓約している。

この起請文は、長政からの起請文を受けて出されたもので、長政の起請文を承知し、そのうえで直政も同様に情報共有することを誓っている。ただし二条目には、長政が家康を裏切るようなことがあれば、この誓約は破棄することになるという但し書きを入れており、黒田が徳川へ忠節を尽くすことを前提とした誓約となっていた。

戦国大名の間では、対立していた者同士が和睦する際や同盟関係を結ぶ際に起請文が交わされた。ここで交わされた起請文も、その一つと位置づけることができる。事前に交渉を重ね、合意した内容

が起請文の文言に盛り込まれる。黒田からの起請文の一条目に「内府様へ別して御意を得」たとあるように、黒田父子は、豊臣政権内の一大名という関係を超えて、徳川家康と特別に親密な関係を結んで今後の政局の中でも味方することを約束し、徳川方では直政が取次としてこの関係を支えることを誓約したのであった。

如水は、秀吉のもとで外交・軍事に力を発揮し、「軍師」とも称された実力者であったが、豊臣政権の主要人物それぞれの性格・考えを知り尽くした如水には、秀吉没後の政局が家康と石田三成ら豊臣の奉行の対立関係によって動くことが予見できたのであろう。黒田ら朝鮮出兵に従軍していた諸将は石田三成と確執があったため、反三成という思惑で家康と如水は一致する。そのため、十一月の対面時、もしくは遅くともそれから一か月の間に、家康と如水は特段の関係を結ぶことを合意し、直政と長政が起請文を交わしたと考えられる。

秀吉没後、家康が政権の一員という立場を超えて、私的に諸将と同盟関係を結んだのは、黒田父子が最初であった。この後、反石田三成の諸将を次々と徳川方に引き入れたのが黒田父子であったこと考えると、この盟約は関ヶ原合戦での勝利に向けての第一歩ともいえる重要なものと評価できよう。

緊迫する中央政局

慶長四年（一五九九）になると、年始早々の正月十日、豊臣秀頼母子とその傅役《もりやく》の前田利家が秀吉の遺言により大坂城に移った。これによって、伏見で政務をとる家康と大坂とで政治の中心地が二元化し、政争が激しくなる。

その端緒は、家康が十日に秀頼の御供として大坂に向かい、十二日に早々に伏見に戻った頃にすでに見られたようである。家康は、十二日に船で淀川《よどがわ》を上り伏見に帰るが、途中の枚方《ひらかた》（大阪府枚方市）で直政が武装して待ちかまえており、直政が牽いてきていた家康秘蔵の馬に乗って、家康はその日の内に伏見に急ぎ帰ったという逸話が伝わっている（「武辺咄聞書」〈『朝野』〉）。直政は、反家康の動きがあるとの情報を得て、家康を迎えに駆けつけたのであった。

また、同月十九日には、家康は有馬則頼《ありまのりより》に招かれて饗応を受けていたが、そこに直政がやってきて家康と密談し、家康は急に帰宅した。そこへ藤堂高虎《とうどうたかとら》が訪問し、大坂で家康を弾劾する謀りごとがあると伝えてきた。これは、家康が伊達政宗・福島正則・蜂須賀家政と私に婚姻を結んだことが、秀吉生前に結んだ誓約に反するとみなされたもので、二十一日に中老《ちゅうろう》の生駒親正《いこまちかまさ》らが家康のもとに遣わされ、これを糾弾した。また、石田三成が家康を襲うとの噂も飛び交ったため、黒田長政が率先して家康の屋敷を警固し、細川忠興・加藤清正・浅野幸長・福島正則・藤堂高虎・森忠政・有馬則頼・金森可重《かなもりよししげ》・新庄直頼《しんじょうなおより》らも同様に、毎夜、家康邸を警固したという（「細川系譜家伝録」「黒田長政記」〈『朝野』〉）。

この騒動のなか、直政が長政や藤堂高虎と相談して話を進めていたことが確認できる。正月二十三日付で直政が長政に宛てた書状（『黒田』）によると、二十二日朝に長政が直政に伝えてきた内容を、同日夕に直政は家康に伝えたので、二十三日に長政・高虎と対面して、その件について相談したいと伝えている。時期から考えて、このときの相談は家康を糾弾しようとする奉行衆への対処に関するものであることは間違いなく、黒田らが兵を出して、家康を護衛する件であった可能性が高い。家康に味方する諸将が家康屋敷の周りに兵を出すことで、親家康勢力の大きさを見せつけ、家康を批難しようとする大坂の奉行衆の機先を制することになる。このような計画が、直政と両名の相談によって進められていたのであった。

この騒動は、生駒親正・中村一氏《なかむらかずうじ》・堀尾吉晴の豊臣三中老が仲裁し、二月五日に起請文が交わされることで落着した。実質的には、中老の中でも親家康派の堀尾が、直政と相談してとりまとめたといわれている（『譜牒余録』「松平陸奥守之四」の項）。

正月以来の対立は、この起請文によって表面上は収まったが、さらに両者の融和を示すため、前田利家と家康の対面が計画された。二月二十九日、前田利家は病をおして伏見にやってきて家康に対面し、三月十一日、家康はそれへの返礼として大坂へ赴いた。家康は、大坂では藤堂高虎の屋敷に宿泊したが、その直前、二月二十九日から三月七日にかけて、家康は藤堂へ四通の書状を遣わしている。大坂へ向かうにあたり、家康は藤堂から大坂方面の情報を入手し、事前準備をしていたのであった。これらの家康書状の一通に、「井伊兵部少輔申すべく候」とあるので、この件で直政が藤堂へ添状を送っていることがわかる。藤堂とのやりとりや家康の大坂行きについても、実務面は直政が所管していたと推察できる。

三月十一日、家康は伏見から大坂に赴き、病床にあった前田利家を見舞う。この夜、家康は藤堂高虎の中島の屋敷に宿泊したが、ここでも石田三成らが家康を襲うという噂があり、細川忠興・池田輝政・福島正則・黒田長政・堀尾吉晴・加藤清正らが家康の宿所に詰め（『譜牒余録』「細川越中守」の項）、翌日は榊原康政隊が先手、井伊隊が後詰して戻ったという。政治的な対立にともなって、通常よりも厳重に護衛する必要があり、榊原隊・井伊隊の二隊による護衛態勢を敷いていた。伏見に戻った家康は、「利家とゆるゆると話をした」と、大坂行きの成果を味方する諸大名に知らせた。その中の一通、大津城主京極高次へ宛てた家康書状（大阪城天守閣蔵）が現存しているが、そこには「詳細は直政が伝える」とあり、具体的な状況は直政から伝えられたことがわかる。

直政が取次を担当した理由

このように、家康と豊臣奉行との関係が悪化したとき、徳川に味方する豊臣有力部将との交渉を一手に引き受けていたのが直政であった。では、なぜ直政がこれを担当したのであろうか。

一つの理由として、豊臣秀吉が死去した慶長三年八月時点で、直政が家康の傍らにいたことがある。家康は関東を領国としてからも、豊臣政権の大老として在京することが多かった。そのため、直政と本多忠勝・榊原康政・平岩親吉・石川康通を隊長とする五つの組番を編成し、原則として半年ごとに上洛して、家康の傍らを警固する番役を務めた。直政は慶長三年二月頃から番役を務めており、平常であれば半年で国元に戻るはずのところが、引き続き在京している。政情が不安定となり、軍備を増強する必要があったのも一つの要因であるが、その後の直政の活躍を見れば、諸大名との交渉力が必要とされたのは明らかである。直政は、以前から豊臣諸将とのつながりがあり、豊臣政権から与えられた官位からみても、大名らと対等に交際できる立場にあった。

それに加えて、直政の交渉術が巧みだったことが挙げられる。直政は、若い頃から敵対する勢力を味方に引き入れる交渉を担ってきた。秀吉没後のこの時期には、黒田、藤堂をはじめ、島津や伊達など外様の有力武将の多くに対して、直政が取次を担当している。直政は徳川家中で、ほかに代えがたい存在になっていたことがわかる。

「徳川家康十七将図」に描かれた平岩親吉　個人蔵

向島城の警固計画

家康は大坂から戻ると、向島《むかいじま》城を整備して、三月二十六日に移った。移ることは、二月に前田利家が伏見にやってきた際に提案したとも、細川忠興が進言したともいう。向島城は宇治川の対岸に築かれた城で、伏見城の出丸的な役割があったが、当時は廃城となっていた。周囲が堀で囲まれた向島城は守るのに適していたのである。

向島城へ移ることについて、直政家臣の木俣守勝の進言があったという話が伝わる。「木俣土佐守守勝武功紀年自記」には、家康が大坂方に命を狙われていたとき、「我そ

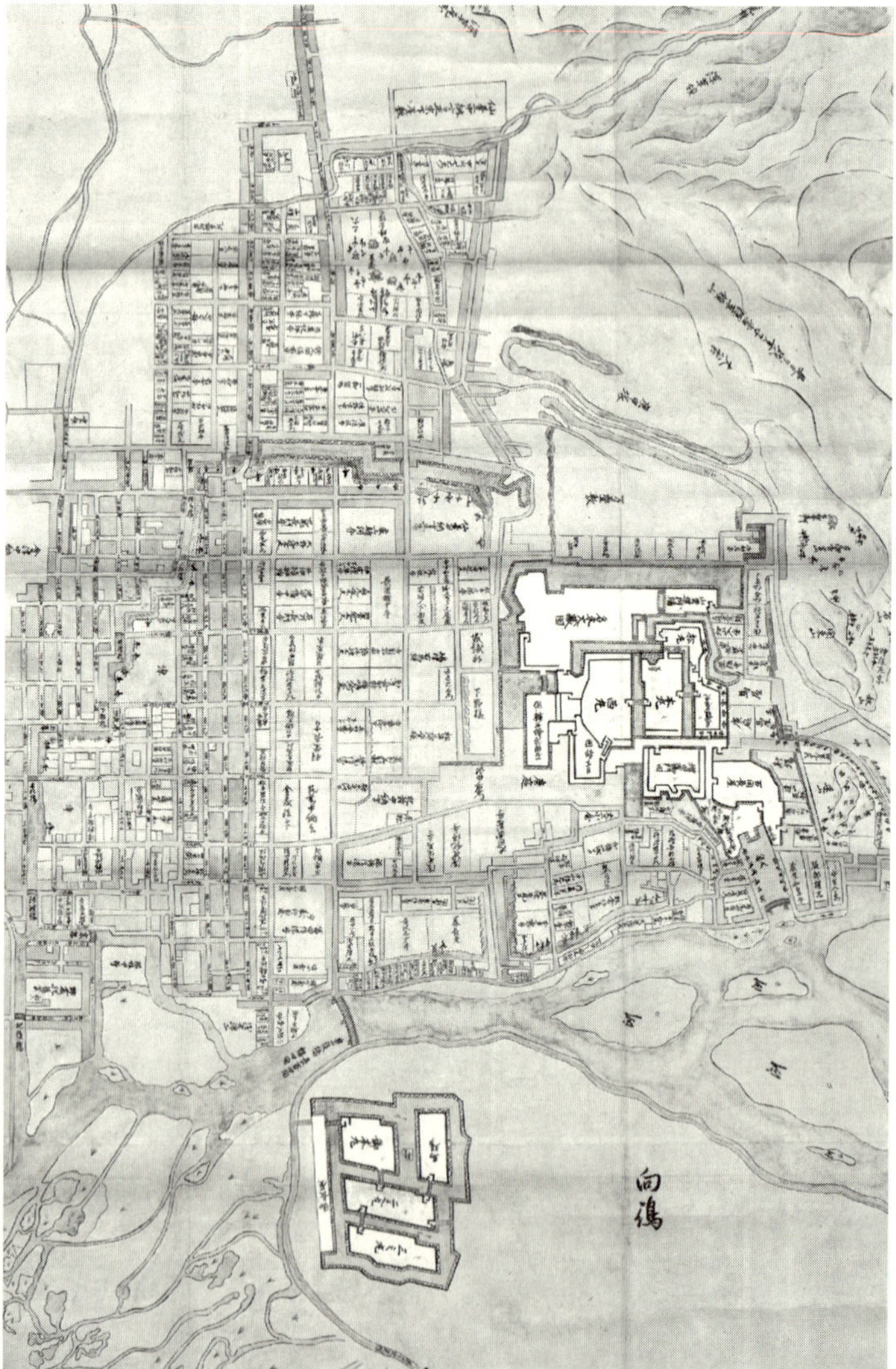

伏見御城郭并屋敷取之絵図（主要部分）　京都市歴史資料館蔵

の秘計を考え、密かに直政に申す、直政驚きその夜三更言上せらる、上様《家康》御感斜めならず、即日明旦御座を移さるべきなり、直政我に告げ、我即ち私に斥候に出て、翌日上様御座を向島に移され、この御危難なし、この御危難のこと後日世間に風聞有るゆえ、上様いよいよ感じ、予思案の由直政申し伝う」とある。守勝が「秘計」を考えて、直政を通じて家康へ言上したところ、翌日すぐに家康は向島へ移ったという。

ここには「秘計」の内容は記されていないが、「校合雑記」という逸話集（『朝野』）には、守勝が向島へ移ることを提案し、周辺には諸大名の材木が積んであるのでそれで柵を築いて籠もればよい、兵糧米はすでに宇治の竹庵に申し付けて河内より運ばせている、味噌や薪などは淀の与惣右衛門に申し付けていると、兵糧の準備まで考えていたと伝える。転居そのものの提案は、前田利家や細川忠興らがしたと言われており、守勝が提案したのではなさそうだが、向島での警備方針や兵糧の入手方法といった具体的な部分での提案をしたのが守勝であればありうる。また、普請が完了して正式に移る前の十九日に、家康は仮に向島城に入り、本屋敷との間を行き来していた。木俣が「秘計」を言上した翌日に急きょ移ったということなので、仮転居の背景に木俣の「秘計」があったのかもしれない。

このとき、井伊隊は家康を護衛する番役の任にあったため、向島転居が決定すると、諸準備の実務を担ったはずである。守勝の「秘計」は、番役として考えた事柄であったと思われる。

なお、「校合雑記」には、直政が家康に「秘計」を言上したところ、家康は「それは其方（直政）の存じ寄りにてはあるまじ、誰ぞ左様に申しける」と、直政が考え出したことではないと見抜いたという。逸話であるにせよ、直政自身は軍略に長けておらず、井伊隊の軍事面は守勝ら重臣らに支えられていたのは周知のことだったことが読みとれる。

豊臣七将による石田三成襲撃事件

慶長四年（一五九九）閏三月三日、前田利家が死去すると、これを契機として新たな事件が発生する。加藤清正・浅野幸長・蜂須賀家政・福島正則・藤堂高虎・黒田長政・細川忠興といった朝鮮出兵の最前線で戦ってきた七将が、出兵時の処遇問題で石田三成に遺恨を懐き、三成を討とうと軍勢を動員したのである（笠谷一九九四）。七将は、慶長の役の際に朝鮮半島へ渡って明・朝鮮軍と戦ってきたが、異国の地で戦うことの難しさと無意味を感じて戦線の縮小案を出したところ、戦闘を展開するべきとする秀吉の意向と対立してしまう。その結果、戦線縮小を主張した諸将の中には、領地没収や謹慎といった処罰を受ける者もあった。

彼らは、理不尽な処罰の元凶は、戦況を秀吉に報告した石田三成派の軍目付福原長堯らによる讒言にあると考え、その怒りは三成へと向けられた。前田利家の存命中は、彼らの思いは押さえられていたが、利家が死去したことで、七将は石田三成を討とうして大坂で兵を挙げた。三成は、大坂から伏見へと逃れてきて伏見の自邸に入ったが、七将もそれを追ってきて伏見城を軍勢で取り囲んだため、家康らが仲裁に入り、三成を佐和山城に隠退させてこの件を終息させたというものである。

この事件は有名なものであり、以前は三成が家康屋敷に逃げ込んだとされていたものを、笠谷和比古氏が三成が逃げ込んだのは伏見城内の三成の自邸であると証明されている。

事件の舞台となった伏見には、豊臣政権の大老として政務を執る家康がいた。そこで七将は家康に書状を出して兵を率いて伏見にやってきた理由を述べ、それを読んだ家康は七将に宛てて返書を送った。この一件は、毛利輝元らほかの大老も仲裁に乗り出したようであるが、最終的には家康が主導して三成の佐和山隠退を決定した。七将は、正月以来家康が襲撃されるとの噂があった際に警固に出てくれた者たちである。家康は七将の意向に沿った形で決着を図り、この一件を収拾したと見ることができる。

この際、家康方から七将に向けて、書面で意向を伝えるほか、使者を派遣して交渉しているが、その主要な一人が直政であった。閏三月五日付の家康から七将への返書や、三成の処分を知らせる閏三月九日付の福島正則等三名への書状には、「くわしくは井伊直政から伝える」とあり、直政が奔走していたことがうかがえる。直政には、七将のうちの一人である黒田長政との親密な関係や、諸将との人脈があった。兵を挙げた彼らの意向をくみ取って和解案を提示し、うまく矛を収めさせるための交渉を担ったと考えられる。

この事件の結果、石田三成を政界から除くことに成功し、家康は、襲撃を恐れて移り住んでいた向島の屋敷を出て伏見城西丸に入った。石田三成を政権の中核から排除することに成功して、政権は表向き安定した状態となった。

以上の動向をまとめると、秀吉の没後、諸大名のパワーバランスが崩れて政情が不安定となっており、中でも石田三成ら奉行衆と家康との関係が悪化し、三成らが家康を襲撃しようとする噂が絶えなかった。一方、朝鮮出兵で辛酸を舐めてきた諸将は、三成へ遺恨の思いを膨らませていた。このような関係にあって、家康が黒田と盟約を結び、黒田が反三成の同じ思いをもつ豊臣諸将を徳川方へ誘導する役割を果たした。これによって家康に味方する勢力が大きくなり、三成らに対して優位に立つことができたのであった。

このなかで、黒田との盟約関係がキーポイントであることは言うまでもない。直政がまっさきに長政に接近して盟約を結び、その後も両者の活躍によって徳川と諸将の連携が成り立った。

関東へ帰国する

石田三成の排斥に成功したことにより、ようやく家康の周辺が安定し、諸将も帰国することになったため、直政も七月初旬に関東へ戻ることとなった。六月晦日には、つきあいのある諸将へ書状を出し、帰国する旨を伝えた。現在、黒田長政と相良長毎に宛てたものが残っている（『黒田』『相良』）が、おそらく、直政が取次をしていた諸将それぞれへ同様の書状を送ったのであろう。そこでは、このたび番替のため帰国するが、年内には番役の交代のため再度上洛する予定であるということや、直政が不在の間の徳川方の取次は、西尾小左衛門尉と村越茂介が受け持つことを知らせている。

このほか、七月五日には黒田如水へ書状を出している（『黒田』）。帰国の道中で書いたものと思われるが、暇《いとま》の挨拶をしなかった詫びを伝えるとともに、「去年より三番のうち相勤め申し候えば、下々

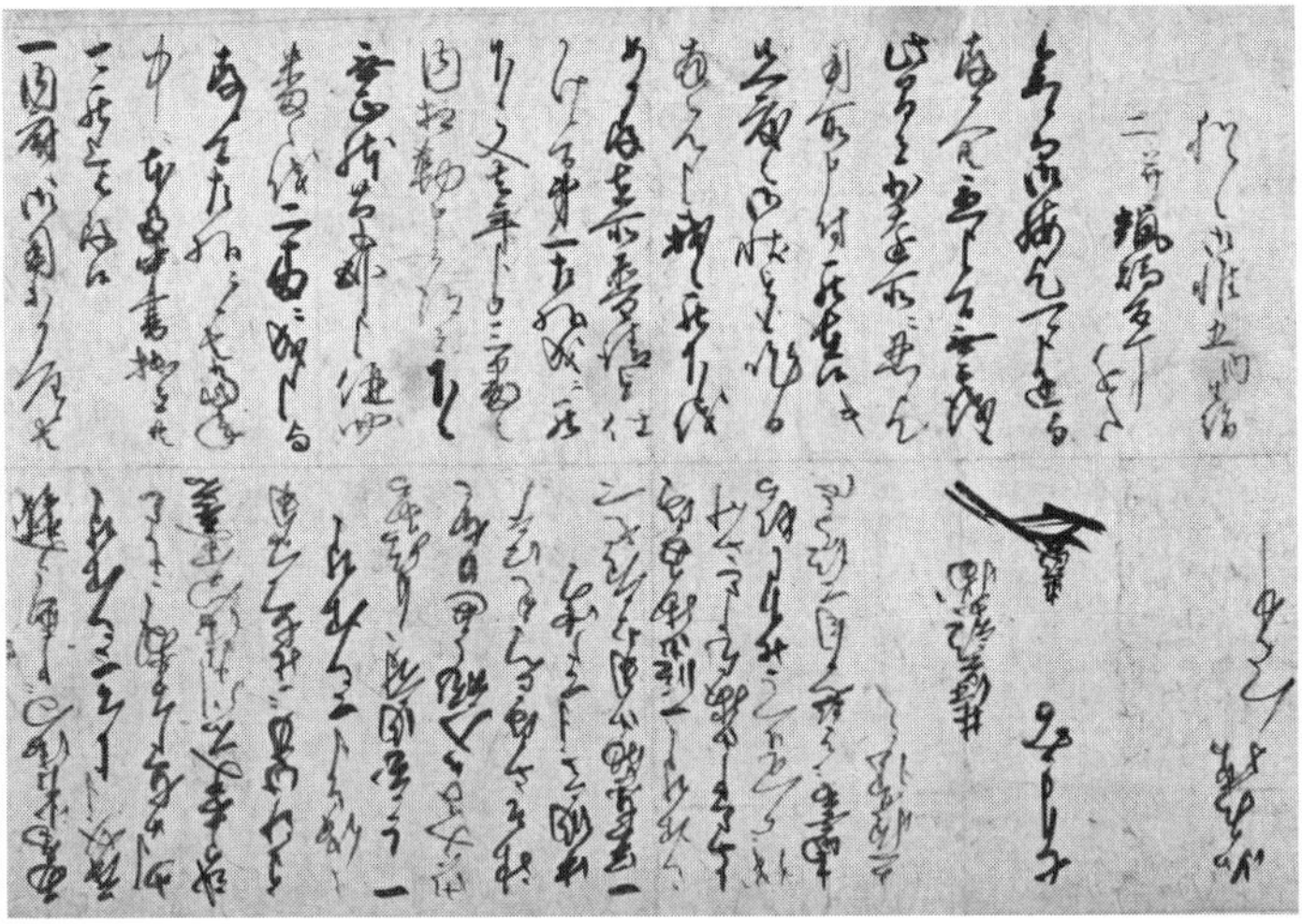

井伊直政書状　黒田如水宛て　慶長４年７月５日付　福岡市博物館蔵　画像提供：福岡市博物館／DNPartcom　帰国の挨拶状の中に「くたびれた」という本音が記されている

井伊直政花押

正躰なく草臥《くたびれ》申し候」と、本来の番役が済んだ後も延長して、通常の在番期間の三倍も滞在して働いたため配下の統制がとりにくくなり、疲労している心情を吐露している。「働かせすぎである」というニュアンスの愚痴めいた一言は、主君である家康やほかの家康家臣には言えない。このような本音を漏らすほど、直政は如水に対して心を許しており、厚い信頼関係があったことがうかがえる。

第二章　家康の名代を務めた関ヶ原合戦

帰国後の動向

諸記録をひもとくと、慶長四年（一五九九）七月の直政の帰国から、翌慶長五年六月に家康が会津に向けて出兵するまでの間に、直政が伏見や大坂にいたとする記述は存在する。たとえば、慶長四年九月九日、重陽の節句の祝儀として家康が大坂城へ登城した際、直政・榊原康政・本多忠勝が供奉したという記述が「落穂集」・「岩淵夜話」・「関原日記」・「小栗家伝」等にある（『朝野』）。そのほか、慶長五年六月、家康の関東下向時に直政が同道していたという記述もある。しかし、このような記述があるのは江戸時代になって編纂された軍記の類であり、著名な三宿老が列記されていることからも、信憑性は低い。

実際には、七月に直政が帰国した後は榊原康政・石川康通・平岩親吉の三隊が在番していた。慶長四年前半の騒動の際には全五隊のうち四隊までが上洛していたが、七月に井伊隊が帰国する時点では、次の交代で在番三隊は戻って井伊・本多の二隊が在番する方針であった（『黒田』、七月五日付井伊直政書状）。ただ、慶長五年初頭の在番交代で井伊隊が上洛することはなく、同年六月の会津出兵により家康が江戸に戻った時には、直政は領国の高崎にいた。井伊家は、慶長三年に居城を箕輪から高崎に移しているが、その頃直政本人は国元を留守にしており家臣に任せた状態になっていた。そのため、高崎に帰国して領地支配にたずさわっていたのであろう。

この時期の直政書状が一通確認できる（『島津』）。慶長五年二月五日付で薩摩の島津忠恒（のちの家久）に宛てたもので、忠恒から送られた書状に対する返書である。

島津家では、慶長四年三月に忠恒が家老の伊集院忠棟を伏見の屋敷で殺害したことに端を発して、その後約一年にわたり、庄内の乱と呼ばれる内紛が起こっていた。殺害事件直後から、家康は忠恒方に味方し、直政が島津屋敷に兵を率いて向かい、伊集院方との騒動を防ぐために警固している（『譜牒余録』「松平大隅守之二」の項）。その後、島津の国元で内乱状態になったが、家康は家臣山口直友を取次として調停に乗りだし、ようやく翌慶長五年三月に和睦することができた。二月五日の直政書状では、薩摩の状況を知りたいと述べており、現在は直接関わっていないが事件の発端で関与したため、関心を持っている直政の心情がうかがえる。

家康、会津に出兵する

慶長五年（一六〇〇）六月、家康は上洛の命令に従わない上杉景勝を討つために、会津出兵を決定した。景勝は、豊臣政権の大老の一人であるが、慶長四年九月に領国である会津に戻っていた。景勝にしてみれば、前年に会津に国替えとなったばかりであったところ、豊臣秀吉が死去したため上洛したが、その後の政争が一段落したことから、一日でも早く領国に戻り、領地経営に本腰を入れたかったのだろう。さらに、石田三成が佐和山城に隠退したとはいえ、再度争乱となることは容易に予想できた。そのため、領内の城郭修築や、兵粮の備蓄、鉄砲の調達など、きたるべき争乱に向けた準備を進めていた。

このような行為は、すぐに周囲の知るところとなり、大坂の家康の耳にも届く。軍事力を増強させていることは、政権に対する謀叛の疑いが生じることから、家康は豊臣政権の大老の立場から、景勝に上洛して釈明するよう求めた。しかし、景勝方はそれを拒否して、景勝重臣の直江兼続《なおえかねつぐ》がその理由を記した「直江状」を家康のもとに送った。それを読んだ家康は激怒し、出陣を決断したという。

六月十六日、家康は大坂を出発し、七月二日、江戸に到着する。このときの出兵は豊臣政権としての出兵であり、東海道沿道に領地を持つ武将が動員された。福島正則・田中吉政《たなかよしまさ》・堀尾忠氏《ただうじ》・山内一豊《やまうちかずとよ》・中村一忠《かずただ》らである。これに加えて、家康が大坂を離れることで争乱が生じることを予想し、家康と行動を共にした武将もいた。黒田長政・加藤嘉明《よしあき》・藤堂高虎・蜂須賀至鎮《よししげ》らである。彼らも軍備を整え、江戸へ向かった。

家康は、七月七日、軍令状を発し、会津出兵に向かう体制を整えた。

真田信幸を味方に引き入れる

直政は、本来であれば家康の江戸到着より先に江戸に入り、出兵に向けた準備を進めておく立場ではあるが、家康が江戸に入った七月二日時点で江戸に到着していなかった。

このとき、直政はまだ高崎にいた。それがわかるのは、次の上野沼田城主真田信幸《のぶゆき》（のちの信之《のぶゆき》）に宛てた直政書状からである（『真田』）。

夜前は雲州《（金森可重）》まで御出候よし承り候えども、よこねふるひ申し候て、散々の躰にて候いつる間、参上いたさず候、然らば、仰せ越され候儀、扨《さて》々忝く存じ候、御理《ことわ》り申し候分、少しも偽わりにて御座なく候、頓《やが》て罷《まか》り上るべく候条、卒度内談を得申し候て、是非とも首尾相違仕り候わぬ様に申し談ずべく候、その前の儀も左様に申し談じ候わずとも思し召し寄せ候通り、忝く存じ候、我々の義においては、日本国中大小神祇少しも御無沙汰いよいよ存ずまじく候、定て貴様の儀は勿論の儀にて御座あるべくと存じ候、くり返し思し召し寄せ候儀、浅からず存じ置き候、是非〳〵罷り上り候て、内府《（家康）》に卒度申し聞かせ、有増の儀申し談ずべく候、その内の儀も右申し分に存じ候上は、同前の儀に候間、その御心得なされ候て下さるべく候、恐惶謹言

井伊兵部少輔

七月六日　直政（花押）

真伊豆様《（真田信幸）》

人々御中

この書状は、昨晩、信幸と金森可重が会談して、その結果を直政に伝えてきたことに対する返事である。金森は会津出兵のため東山道を下っており、この頃、上野国に入ったようである。そこで信幸と可重が会って話をすることになり、そこに直政も同席しようとしたが、直政は「よこねふるい」と

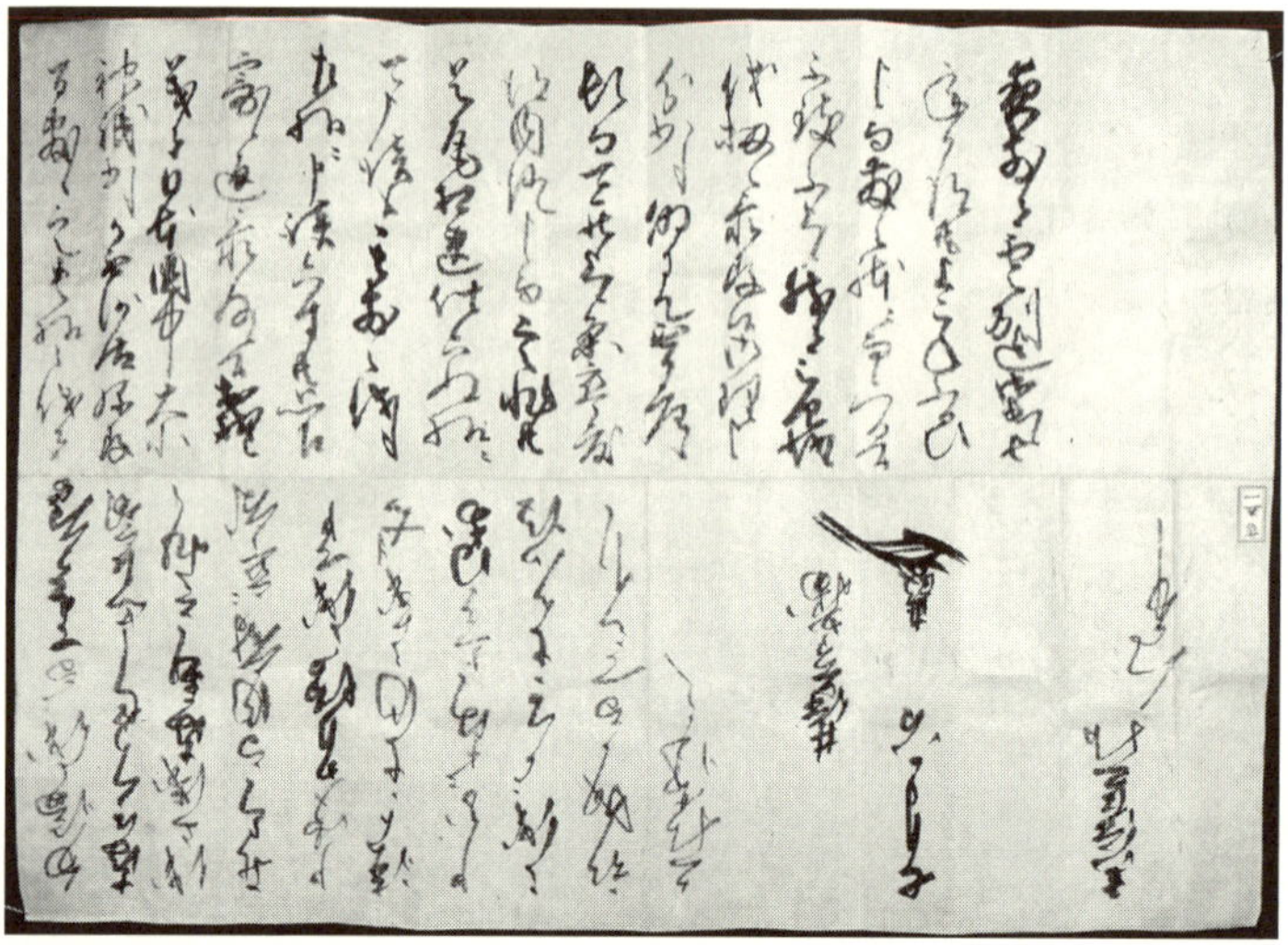

井伊直政書状　真田信幸宛て　慶長５年７月６日付　真田宝物館蔵　真田が徳川へ味方する意向を直政が取り次ぐ。直政の体調不良もわかる重要な１通

いう病状のため、馬に乗れる状態ではなかった。「横根」とは、足のつけ根にある鼠径リンパ節の炎症性腫瘍のことで、これが震える、つまり痙攣をおこしていたのである。

　信幸が伝えてきた内容は、家康に対する「御《お》理《ことわり》」、すなわち家康へ味方をするということである。それに対して直政は、このあとすぐに家康のもとに参上するので、すぐにこの件を家康に伝えて、ぜひとも信幸側の出した条件と変わらないことが家康に認められるよう協議する、と返事している。この内容から見て、信幸が徳川方に付くということを表明した第一報への返事であり、直政は、日本国中の神々に誓って少しも無沙汰には思いませんと、信幸の表明を大事に思っていると伝えている。

　ここで直政は、新たに味方に引き入れた信幸の意向を家康へ伝える取次としての役割を果たしていることがわかる。その内容は、単に相手の意向を伝えるだけでなく、直政が相手の思いをくみ取って、それに報いるよう直政が主体的に家康に交渉をしようというものである。当然、相手側が挙げた条件がそのまま家康に受け入れられるわけではないが、直政はここでできる限りの努力をすることを表明している。見方を変えれば、直政との交渉で実質的な条件調整はほぼできており、最終的にその内容を家康に承諾させるという関係だったと思われる。

本状からは、直政がそれまで真田方と交渉を進めていたことも判明する。関ヶ原合戦に至る政情を見ていると、反徳川方の石田三成と上杉をつなぐ重要なポイントとして真田がいたことが指摘されている。地理的にも真田が両者の中間におり、三成は上杉への連絡を真田を介しておこなっていた（笠谷二〇〇〇、竹井二〇一四）。徳川方もそれを容易に把握できたはずであり、このルートを遮断するためには、沼田城主真田信幸を味方に引き入れることが何よりも有効であると考えられた。地理的に考えても、井伊直政の居城である高崎と沼田は近く、このとき高崎に居た直政が対真田交渉を担当する適任者であった。

真田信幸画像　真田宝物館蔵

真田一族は、七月二十一日、信幸・父昌幸・弟信繁《のぶしげ》とともに会津出兵のため下野犬伏《いぬぶし》（栃木県佐野市）に到着したが、そこで石田三成が挙兵したとの報せを聞くと、父昌幸と弟信繁は石田三成に味方することにして信州上田に帰国してしまい、信幸だけがそのまま徳川方に味方した。信幸が徳川方についた理由は、信幸が本多忠勝の娘婿であったという関係で説明されてきた。もちろん、縁戚関係も重要な要素であるが、それだけでなく、信幸がそれまで直政と交渉を重ね、七月六日に徳川方に味方することを表明した経緯があっての信幸の判断であろう。信幸にとって、徳川方で交渉する相手は岳父の本多忠勝ではなく、直政であった。忠勝はもちろん、直政と並ぶ侍大将であるが、高度な駆け引きを伴う交渉ごとには向かなかったようで、直政ほど諸大名への取次を行っていない。

真田昌幸は、武田氏滅亡後も、徳川・北条・上杉・豊臣を相手に渡り歩き、家康にとってはこれまで幾度となく辛酸を舐めさせられてきた相手である。そのような真田への交渉を担う人材は、直政以外には考えられなかったのであろう。

真田父子が敵方についたことで、この先上田城で徳川秀忠率いる徳川本隊と戦うことになり、その結果、秀忠隊が関ヶ原での決戦に間に合わなかったことは大きな痛手ではあるが、沼田城の信幸だけでも徳川方についたことで真田を分断し、石田三成と上杉との連絡を遮断できたことの戦術上の意義は大きいものがある。

進軍方針を決めた小山の評定

徳川隊の動向を見てみると、まず、先手の榊原康政が七月十三日に江戸を出陣し、十九日には秀忠を大将とする徳川本隊が江戸を発して、二十二日に宇都宮（栃木県宇都宮市）に着陣した。家康隊も、二十一日には江戸を出発し、二十四日には小山（栃木県小山市）へ到着した。直政は、十五日に軍令を発している（「中村不能斎採集文書」）ので、このあとまもなく高崎を出発し、家康隊に合流したと思われる。

家康は、江戸出立の二十一日より前の時点で、石田三成が挙兵しそうだという上方周辺の情勢について情報を入手していた。十九日、家康家臣の永井直勝《ながいなおかつ》は、大坂の奉行の増田長盛《ましたながもり》から三成が挙兵しそうだと連絡を受け、すぐにそのことを家康に報告した。その後も上方の様子が続々と伝えられるが、この時点で家康が把握していたのは、三成が大谷吉継《おおたによしつぐ》を誘って挙兵したということで、大坂城の奉行衆や淀殿までが三成方についたという情報は入っていない。それどころか、三奉行や淀殿から家康に対し、三成の謀叛を鎮めるために速やかに上洛するよう求められていたのであった（笠谷二〇〇〇）。

そこで、二十三日には、家康は山形の最上義光《もがみよしあき》へ会津への進軍を一時停止するよう指示している。二十五日は、家康は諸将を小山に集めて今後の軍事計画について相談した「小山の評定」があったとされる日である。会津出兵のために進軍している豊臣恩顧の諸将や徳川重臣が揃い、上方で石田三成が挙兵したことを聞いて、予定どおり会津に向けて進軍するか、それとも上方へ引き返すかという進軍方針を諮ったところ、福島正則の発言に諸将が同意して家康に味方し、上方へ戻ることにしたという。近年、「小山の評定」がなかったという説が提示され（白峰二〇一四）、このようなドラマ的なやりとりは架空のもののようであるが、小山の地で進軍計画を変更したという事実が否定されるものではない。七月二十六日付の京極高次宛て家康書状（『家康』）で、「今日二十六日より御人数指し上げ候」とあり、二十六日から諸将の軍勢が上方へ向けて小山を出立したことが確認できる。そのため、二十五日頃に進軍方針の変更が決定されたのは確実である。

小山で決定した基本方針は、①豊臣恩顧の諸将が先行して東海道を西上する、②家康もそれを追って清洲周辺で合流する、③徳川秀忠を大将とする徳川の主力部隊は、宇都宮周辺で上杉方に対する防衛を整えたうえで東山道を上る、という三手にわかれて尾張・美濃方面へ向かい、合流して揃って敵に向かう、というものであった。これに従い、二十六日以降、豊臣恩顧の大名らは続々と小山を出立して東海道を西に向かい、尾張国清洲で徳川勢が到着するのを待つこととした。

第二の「小山の評定」

ところが、二十五日の進軍方針変更に沿って行動しはじめた後、上方では新たな展開となっていることが家康のもとに報告される。三成らは三奉行や毛利輝元を味方につけ、豊臣政権として家康に宣戦布告したというのである。このとき兵を進めていた会津出兵は、家康は豊臣政権の一員として行動しており、多くの武将が同行していたのもそのためであった。それに対し、新たに届いた情報では、七月十七日付で家康の行状を非難する「内府ちがいの条々」が出されたという。これは、豊臣政権の奉行衆や淀殿までもが三成に同調し、豊臣政権が家康を敵とすることを表明するというものであった。これによって、家康と政権の関係はまったく違ったものになってしまった。

家康がこの情報を入手した時期は、家康が諸将に出していた書状の内容から考えて、七月二十九日頃と推定できる（笠谷二〇〇〇）。これを聞いた家康は、七月二十五日に変更した軍事方針を修正するための行動に出る。家康が豊臣政権と対立する関係になった以上、諸将は家康に味方するかどうか、確信が得られなくなったためである。家康に味方するということは、秀頼と敵対することを意味することになる。

そこで、家康が最初に取った行動は、黒田長政を呼び戻して相談することであった。二十九日、長政への書状で上方の情勢を知らせ、「委細の様子は羽三左《（池田輝政）》へ申し渡すので相談するように」と伝えた（『黒田』）。ただ、実際には長政は家康のもとへ戻ってきている。家康としては、長政がどこまで進んでいるか特定できない以上、書面にて戻ることを指示できず、戻るかどうかの判断は使者に託されたのではないか。結局、長政は急いで小山方面にとって返し、家康に対面した。家康は長政との対談を終えて、四日に小山を出立し、五日に古河《こが》（茨城県古河市）から乗船して江戸へ到着しているので、三日に対談したと思われる。

このときの会談では、家康は長政に対し、福島正則が大坂方に付かないかどうかを尋ねたところ、長政は、正則が三成と仲が悪いこと、もし、正則が大坂方に付こうとしても長政が諫めると答えた。この会談は夜遅くまで続き、翌朝長政が出立する前に馬を下賜したという。現在も、長政がこのときに拝領したという歯朶の兜と采配、鞍鐙が現存している。

この会談では、重要なことが相談・決定されたと考えられる。それは、家康の不出馬である。八月四日付で、家康は豊臣諸将九名（宛先が連名のものもあるため七通）に、ほぼ同内容の書状を遣わしている（『家康』）。そこには、「今度先勢として井伊兵部少輔差し遣わし候条、行《てだて》等の儀、我々出馬以前は何様にも彼の差図次第に仰せ談ぜられ候は本望たるべく候」とあり、「行」すなわち軍事行動の指揮について、家康が到着するまでは直政の指図に従い、相談するようにとしている。つまり、この書状で初めて、家康はすぐには出立しないことが諸将に通知されたのである。指示内容が、家康がみずからの軍事指揮権を直政に委任するという軍事上の重要事項であることから、家康の判物で部隊ごとに通知されたものと考えられる。

前日の八月三日段階では、家康は「近日上洛する」という方針だったことから（加藤貞泰《さだやす》宛て家康書状、『家康』）、三日から四日にかけて、家康の不出馬が決定されたことは明らかである。この決定に長政が関与していたと考えるのは、文書の現存状況からもいえる。もし、長政がいないところで決定していたのであれば、八月四日にほかの諸将に宛てたのと同様の書状を長政にも送っているはずである。しかし、現存する「黒田家文書」や江戸時代の「譜牒余録」等にも、そのような書状が出された形跡は見あたらない。長政が決定の場にいたため、書状を出す必要がなかったと考えるのが自然であろう。

このように考えると、黒田長政が小山に戻って会談した意味は大きい。ここで話し合われた内容は、単に福島正則が徳川方から離反しないようにというだけにとどまらず、小山の評定において諸将合意の上で決まった方針を変更することにまで及んでいたのであった。

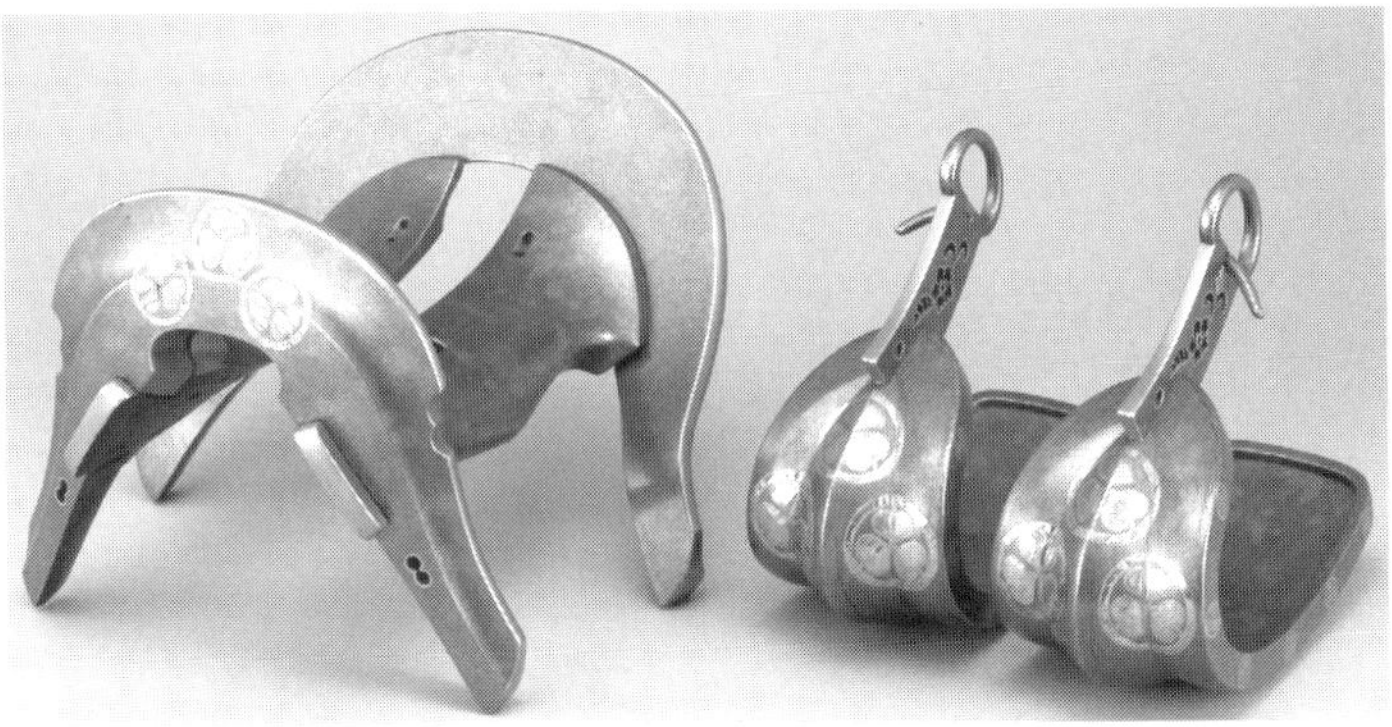

梨子地三葉葵紋截金鞍・鐙　福岡市美術館蔵　小山に呼び戻された黒田長政が徳川家康から拝領した馬に付属していた鞍と鐙

ここで決定した事柄は、家康はすぐには清洲へ向かわず、その代わりとして井伊直政を向かわせ、直政には家康の軍事指揮権を与える、ということであった。長政には、諸将が家康から離反しないように工作することを指示しているが、少しでも彼らが敵方へと心変わりする可能性が残っている以上、家康は軽々に兵を進めることができないと考えたのである。

ここで家康の名代を務められる人物は、井伊直政を置いてほかには考えられない。徳川家中での直政の位置は、領地の面から見て筆頭であり、豊臣政権からは侍従の官位を得ており、諸将と対等に話ができる格式を有していた。さらに、それまで長年にわたり豊臣諸将と交渉をしてきたという実績から考えても、直政が家康の名代として派遣されることが決まったのであろう。実際、小山の評定以降も、直政は家康の傍らにおり、書状による諸将との交渉を進めていた。徳川重臣のうち榊原康政や本多忠勝は、徳川秀忠率いる徳川本隊の一員として行動しており、家康の傍らには配置されていなかった。

家康は、豊臣秀吉の死去により生じた豊臣政権内の抗争で、徳川方を代表して諸将と交渉をとりまとめてきた直政の手腕を今回も期待し、傍らに置いたことであろう。小山の評定により定めた当初の計画では、井伊隊は家康隊に同行することとなっていたと考えられる。

このように考えると、黒田長政との会談は、家康だけでなく直政も同席していたと想定できる。そもそも、慶長三年以来、長政から家康に対する取次をしていたのが直政であったことを考えると、この会談も直政が深く関わっていたはずである。

直政の体調不良と本多忠勝の派遣

ただ、そこには不安要素もあった。直政の体調問題である。八月八日に家康側近の本多正純《まさずみ》から黒田長政に宛てた書状（『黒田』）では、直政が「煩気」のため、本多忠勝を清洲に遣わすことにしたと伝えている。従来、この書状に基づいて、直政は急な病のため出立できず、代わりに本多忠勝が遣わされたと説明されてきたが、そのような単純なものではないと考える。

つまり、直政の体調不良は小山に来る前からのものであり、家康も長政も承知している事項である。八月四日、家康は諸将に向けて、直政が清洲へ向かって出発したことを知らせており、直政は問題なく西上していたと考えられる。さらに、十日過ぎ頃、美濃曽根《そね》城主の西尾光教《にしおみつのり》は清洲に到着すると、直政に書状を遣わし、それを直政から家康のもとへ届けている（八月十六日付家康書状、『家康』）。

直政は清洲に向かう道中で、問題なく役割を果たしている。突発的に病気となり、出立できなくなったと考えるよりも、家康は自身の進軍予定を変更して直政を派遣するにあたり、体調面に不安を抱える直政を補佐するため、忠勝を呼び戻し、清洲へ向かわせたと考えるのがよいのではないか。家康の軍事指揮権を委任できるのは、相応の部将でなければならない。今回の作戦において、家康の代理で豊臣諸将を掌握するのは重大な役割である。万一でも、直政の体調が悪化して十分な働きができないと、諸将を徳川方に付けておけなくなる。万全を期すために、体調不良の直政に加えて、忠勝を清洲へ向かわせたのであろう。

本多忠勝画像　東京大学史料編纂所蔵模本

この後の直政と忠勝の関係は、両名とも徳川隊の先手大将という立場で行動している。家康からの書状（八月十二日付、『家康』）では両名宛てとなっており、赤坂安楽寺に発した禁制《きんぜい》（『井伊』）でも両名が連署していることから、公的には両名が並立していたとみることができる。

本多家の部隊の動向を見ていると、主力部隊は嫡子忠政が率いて秀忠の配下にあり、忠勝はわずかな手勢のみ引き連れての従軍であった。このようなイレギュラーな行動をとったのは、忠勝の派遣は予定されておらず、緊急時に対応したためとみることができる。八月四日の諸将に宛てた家康書状では、本多忠勝の名は出てこないことから、この時点では忠勝が清洲に向かうことは正式決定していなかったことがわかる。

このときの忠勝の居所は特定できないが、忠勝隊は秀忠率いる徳川本隊の一員として宇都宮城周辺で上杉に対する防衛ラインの増強に努めていた可能性が高い。宇都宮周辺にいる忠勝のもとに家康から書状が遣わされ、清洲へ向かうことが打診されたと考えられる。忠勝からの返事により決定し、それを黒田長政へ伝えたのが八日付書状であれば、自然な日程である。相手がほかならぬ長政なので、忠勝の清洲行きは確定後、すみやかに伝えられたのであろう。

岐阜城を陥落させる

八月十四日、直政は先手諸将に合流すると、彼らとともに清洲城へ入り、家康の到着を待った。ところが、家康は出馬する様子を見せず、十九日に使者の村越茂介《むらこしもすけ》が清洲城に到着した。村越は諸将に宛てた数通の八月十三日付家康書状を携えていた（『家康』）。そこには、「其元の模様承りたく候て、村越茂助をもって申し候、御談合候て、仰せ越さるべく候、出馬の儀は油断無く候、御心安かるべく候、委細口上申し候（そちらの様子を承りたいので村越茂助を遣わして申します。そちらで相談してこちらへお知らせください。家康が出馬することは間違いないのでご安心ください。詳細は使者が伝えます）」と記してあった。

諸将としては、家康がすぐに来て開戦となると思っていたところ、まずは名代の大将として井伊直政・本多忠勝がやって来て、さらに様子を聞きたいという書状がもたらされた。小山の評定で決定したことと、実際の家康の行動がかけ離れている。

このときの話として、諸将は家康が出陣する気配を見せないことを村越に詰問したところ、村越が「諸将が手出しをしないから家康は出陣しない」と言い放ったため、即時岐阜城を攻めることを決定したという（「慶長年中卜斎記」）。実際には、八月十九日付で黒田ら三名から直政・本多忠勝に宛てた書状（井伊達夫氏蔵、『新修彦根市史六巻』12）で、村越茂介が家康不出馬を伝えたことにより、諸将で相談して川越えをして攻め込むことに決定したので、直政・忠勝と相談したいと伝えている。つまり、村越の挑発的な発言はさておき、家康からの書状で諸将が求められた「御談合」の結論が攻撃開始であり、直政・忠勝がそれを承認したというのが実際のところであろう。

ここで、徳川と諸将との関係、つまり軍事上の決定過程がわかる。まずは豊臣諸将だけで方針を定め、それをもって徳川の大将である直政・忠勝と協議する。つまり、まずは豊臣諸将みずからが一つの方針案を決めるという形をとっている。もちろん実際には、直政と黒田長政が事前に相談しておき、そのうえで長政が諸将に根回しをするといった、徳川方の考える方向に誘導していたと考えられる。

そして二十一日、諸将は木曽川を渡り、岐阜城攻撃を開始した。岐阜城主織田秀信《ひでのぶ》は織田信長の嫡孫であるが、石田三成の誘いにより西軍方についていた。このとき、福島正則と池田輝政が岐阜城への直線的なコースである木曽川上流を渡る先鋒を主張して争いとなり、直政・忠勝の仲裁により収まった。福島正則が譲歩して下流を渡るが、下流の部隊が渡り終わってから上流隊が渡りはじめることとして、下流部隊が先鋒となるようにということで進軍の計画が調った。川越えからわずか三日間で岐阜城を陥落させると、二十四日には赤坂《あかさか》（岐阜県大垣市）に至り、大垣《おおがき》城の石田三成に対峙する位置に陣を構えた。

直政らは、このような岐阜城攻めの戦況を、毎日のように江戸の家康へ報告した。

①二十二日朝、二十一日の下流部隊の戦況を報告

②二十二日夜、二十一日の上流部隊と二十二日の戦況を報告

③二十三日、同日に岐阜城を陥落させたことを報告（『伊達』）

④同日、藤堂高虎らが合渡川《ごうとがわ》で石田三成方を破ったと、高虎から報告

文書が現存しているのは②のみであるが、他はそれに対する家康からの返書が確認できる。①では、直政も属している下流部隊は二十一日、萩原の渡しと尾越の渡しを越え、木曽川を渡ったことを伝え、明日（二十二日）に岐阜城へ向かう予定であることを報告した。②では、①を出した後に上流部隊の二十一日の戦況が直政のもとへ報告されてきたので、それを家康へ伝えている。そこには、上流部隊は河田で川を渡り、岐阜城方二千の兵と合戦に及び、首五百ほどを討ち取ったこと、この戦いで織田秀信は岐阜城へ逃げ入ったこと、一柳直盛《ひとつやなぎなおもり》が案内として先導したためその家臣に討ち死にが多く出たこと、すぐに岐阜城を攻めるべきかもしれなかったが、川越えでくたびれているので、二十一日は岐阜まで二里に位置する北方に陣取って、二十二日に岐阜を攻めることにするということが報告され

た。そのうえで、福島勢（下流部隊）は明日岐阜城を攻撃し、池田勢（上流部隊）が惣構《そうがまえ》を破ったうえは、福島勢は佐和山方面へ兵を向けようと今夜の軍議で相談したことを伝えている。

また、福島方の行軍順について、家康から付けられた直政と本多忠勝は、二十一日の川越えでは先手の福島隊に続いていたが、二十二日の軍議で諸将から、全軍の後につくように申し入れがあり、しぶしぶ了解した旨を報告している。直政としては、福島の行動に問題があればすぐに駆けつけられる位置についておきたいと考えたのであろうが、豊臣諸将の勢いのなか、あえて争うことを避け、彼らの言い分を受け入れた。ただ、家康へ戦況を報告する立場としては、前線の状況を見られない位置にいることを、あらかじめ家康に断っておいたということである。

このように、血気盛んな豊臣部将をとりまとめ、離反を招かずに関ヶ原まで至ったのは、直政ただ一人の功績ではないにしろ、その手腕は十分評価されるべきであろう。

家康は、四通目の報告を受け取ると、その返書で九月一日の出馬を表明した。

石田方の「軍事無知」

このときの経過を見ていると、家康が九月一日に出馬すると決定したのは、味方が岐阜城を落として石田三成の籠もる大垣城付近にまで攻め上り、まもなく佐和山城へと進軍する状況を知った段階である。家康が到着する前に、三成方と全面対決して大垣・佐和山両城を落として決着がつきかねない勢いを知り、急いで出馬したのである。

家康がここまで慌てて出馬した要因として、これまで述べられてこなかった点がある。それは、石田三成方が予想以上に軍事の定石について無知であったということである。直政は、二十二日の段階でそれを見抜き、同日夜の注進状（②）で家康へ報告している。

その内容は、「二十二日、石田三成方は東軍が川を渡ったことを見ると、それまで河手という所に陣を置いていたのを引き揚げ、大垣城へ引き入り、物見を出すこともしていない、もし赤坂あたりまで押さえの兵を出せば佐和山へ逃げ入るだろうと、諸将とも嘲笑している」、というものである。つまり、三成方は並の部将でもわかりそうな軍備配置ができておらず、軍事的に差配できる人物が大垣城にはいないことを直政が見抜いている。

そのためもあって、二十二日夜の下流隊の軍議で、上流隊が岐阜城の惣構まで破ってしまえば、岐阜城は上流隊に任せることができるので、下流隊は三成に矛先を向け、大垣さらに佐和山を目指すことにしたのであろう。実際には、福島正則は岐阜城攻撃に向かい、その手柄が家康からも賞されているが、藤堂高虎・黒田長政・田中吉政らはそこから分かれて大垣方面へ向けて兵を進め、最終的にその日のうちに赤坂に至った。それは前夜の直政の注進状にあったとおりで、大垣方が東軍の進出を防ぐために周辺に十分な押さえの兵を出していなかったことがわかる。

徳川方の最前線として

諸将が東西どちらにつくか流動的なこの時期、徳川方の最前線の立場にある直政のもとには、敵・

味方にかかわるさまざまな情報が集まった。直政は江戸にいる家康と連絡をとりながら、敵方を味方に取り入れる工作を進めている。

清洲に到着まもない直政のもとに、家康から書状が遣わされている。西軍として犬山城に入っていた加藤貞泰が家康方へ通じ、弟を証人（人質）として家康のもとに送ってきたため、その旨を家康から直政・本多忠勝に知らせたものである（八月十二日付家康書状、『家康』）。この書状とともに、家康の所へ向かった加藤からの使者が直政・忠勝のもとへ遣わされている。敵方の内応者がもたらす情報は、軍事作戦を立てるうえで重要となってくる。実際には、十九日頃に岐阜城を攻撃することが決定するが、その検討にあたっては、加藤の使者からの情報も参考となったのであろう。

尾張黒田城主の一柳直盛は、東海道西上に加わり、八月九日に居城へ帰城したところ、西軍の小川《おがわ》祐忠《すけただ》を通じて三成から誘いの書状が届いたが、それを断り、その旨を直政に伝えたという（「一柳家記」〈『朝野』〉）。

美濃曽根城主西尾光教は、ほかの豊臣諸将とともに小山から清洲に戻ってきていたが、直政が到着する以前の清洲の状況を直政へ報告しており、直政はそれを家康に伝えた。その返書が八月十六日付で西尾に宛てて出された（『家康』）。おそらく、八月四日付家康書状で直政が清洲での徳川方の代表となることを知り、先行部隊の状況を知らせてきたものと思われる。

九月七日に家康が京極高次へ遣わした返書（『家康』）には、「去る三日大津へ打ち返され、手切れの行《てだて》あるべきの由、修理殿（京極高知）・井伊兵部（直政）方より申し越し候」とある。高次は大津城で籠城に入ったが、その状況を直政と弟高知へ伝え、そこから家康へ報告された過程がわかる。

　このように、直政は徳川方前線部隊の責任者として、味方から送られてきた情報を集約し、それを家康に伝えるという役割を果たした。また、九月七日に東山道を行軍する徳川秀忠から直政・忠勝へ書状が出されている（東京都江戸東京博物館蔵）。これは、美濃赤坂に着陣した旨を両名から報告したことに対する返書である。東海道勢の徳川方として、東山道勢の秀忠隊と随時連絡をとり、情報を共有していたことがわかる。

如水に九州での軍事行動を承認

　岐阜城攻撃が終わり、赤坂に到着した後の二十五日には、直政から黒田長政および如水に宛てて書状を出している（『黒田』）。

　先に、中津《なかつ》（大分県中津市）にいる如水から長政に宛てて、兵を集めて出陣の準備をしており、家康からの連絡次第ですぐに軍事行動を開始できるということや、長政の正室（家康の養女・栄姫）を敵方の大坂から連れ出して、中津へ無事引き取ったことなどを伝えてきた。長政はこの書状を直政に届けてきたことから、それに対する返書を長政と如水に差し出したものである。

　ここで、直政は如水へ、「何分《なにぶん》にもこの節に候条、御才学候て御手に入るべき所仰せ付けらるべく候」と述べている。このような時節なので、如水自身が考えて軍勢を進めるべきところへ出陣を指示するように、という意味である。すでに美濃では、岐阜城攻めで勝利し、次の戦いに向けて赤坂で敵と対峙する状況となっている。このような美濃方面の状況を受けて、九州でも軍事行動を開始することを承認したのである。九州には、熊本に加藤清正、杵築《きつき》（大分県杵築市）に細川忠興の城代の松井《まつい》康之《やすゆき》らが味方としていた。如水は彼らと連絡を取りあい、兵や武器・食糧を送って協力している。直政の書状を受けた如水は、本格的に軍事行動を開始し、九月九日、西軍方の諸城を攻めるべく中津を出陣した。

中津城跡　大分県中津市

このとき、如水に軍事行動の開始を認めたのは、直政の判断であった。直政は、これからこの書状を家康に送るとしているので、この返書を書いた時点ではまだ家康にこの書状を見せていない。つまり、如水が伝えてきた九州の情勢について、家康の指示を仰ぐことなく、直政が如水へ九州での軍事行動を承認したことになる。刻々と情勢が動いており、美濃では戦闘が始まっている。美濃から江戸まで書状の往復をして、家康の意向を確認している時間的余裕はない。基本的な方向性は家康と直政の間で共通認識していたはずなので、二十五日付書状で直政は、徳川を代表して如水に対して軍事行動を承認したのであった。直政には、それだけの権限が与えられていたことになる。

一方で、如水宛ての書状には、「内府《（家康）》より申し付けられ、此表へ参り候へども、何《いずれ》もの御跡につきあるき申す事に候」とある。直政は、家康の命令によって豊臣諸将に同行して赤坂まで来たが、諸将のあとについて歩いているだけだ、と述べている。諸将は先陣争いなどで対立し、家康が来ないことに不満を口にしたが、直政は彼らを離反させないようになだめる役割に徹していた。岐阜城攻めでは、瑞龍寺山砦に搦手より乗り込んだ（「木俣土佐守守勝武功紀年自記」）とも、伊奈波神社裏の松田十太夫が守る砦を攻略したともいい、また、家臣の庵原朝近が先手として活躍したことを直政が賞する文書もあることから（『井伊』）、井伊隊も軍事行動をしていたのは確かであるが、それは豊臣諸将のように先陣を切って戦い、華々しい戦功を挙げるというものではなかった。直政の主な役割は諸将の間を調整して彼らの戦功を家康に報告することであるということを、如水に宛てて自嘲気味に述べている。

この直政書状を通じて、先手隊における直政の位置が明確になる。直政は豊臣諸将と同列の関係で先手隊に加わっているのではなく、彼らの意見を聞きながら、方向性を判断して彼らに示すという役割があった。これは、本来家康がするべきところ、その代理として先手隊に派遣されており、家康が到着するまではその権限を委任されていたのであった。

即時決戦の決定

家康は、九月一日にようやく江戸を出立し、諸将の待つ美濃方面へ向かった。十日に熱田《あつた》（名古屋市）に到着すると、十一日・十二日は清洲に滞在し、十三日に岐阜へと進み、十四日、赤坂に到着した。

家康は、熱田に到着すると藤堂高虎を呼び寄せて相談している。一方、軍記物である「関原軍記大成」には、十一日、直政と忠勝が清洲に召され、諸将の戦功と直政・忠勝の周旋が賞された後、次の戦略を相談したとある。すなわち、東山道を進軍中の秀忠一行を待って、徳川勢が揃ってから清洲を出立するという当初の計画通りに進めるかどうかを判断することになり、直政は、家康の到着を今や遅しと待ちあぐねている諸将の状況を説明し、即時赤坂に着陣するよう主張した結果、この意見が受け入れられて、秀忠率いる徳川本隊不在のまま、三成隊と対峙することと決まったという。

この叙述は、一次史料ではないという意味でそのまま信用してはいけないが、家康が藤堂高虎と協議する場に直政らを呼び寄せないことは考えられない。みずからの家臣で現地の状況をもっともよく把握している両名を呼び寄せ、彼らに現地の状況を報告させたうえで、今後の方針を検討するはずである。二日間の清洲滞在の後、すぐに赤坂まで進んでいることを考えると、この二日で次の戦略を協議し、ここで秀忠隊を待たずに敵と対峙することを決定したと考えられる。その判断材料となったのは、当然、現地の諸将の動向であり、それをもっとも把握していたのが直政であった。

直政も当然、徳川本隊不在のまま決戦に臨むことの意味は十分理解している。しかし、日々諸将と行動を共にし、彼らの状況もよく把握している。「三成憎し」と挙兵した彼らは、岐阜城を予想以上の勢いで落とした後、大垣城にいる敵を目の前にして、手出しできずに留め置かれた状態になっていた。家康は江戸を出立して以降、諸将への書状で、現在地を示してほどなく到着するので待つようにと伝えている。それでもやはり、直接に応対して彼らを制御したのは直政であった。直政は、その手

画像提供：彦根城博物館／DNPartcom

関ヶ原合戦図屏風　木俣家伝来本（部分）　彦根城博物館蔵

腕により彼らをうまくなだめていたが、家康が清洲まで達していながら動かないとなると、彼らは家康から離反し、単独で大垣城を攻撃しかねないという判断がなされたものと思われる。

即時決戦が決定したことにより、家康は十三日に岐阜城に入って諸将の出迎えを受け、十四日に美濃赤坂に着陣した。

本陣の移動を提案する

十四日夜、諸将が家康の本陣に集結して軍議を開き、そこで翌日の開戦が決定された。その後、直政・忠勝ら家康家臣が集まって会談となり、本陣を移すことについて話し合われたという逸話がある。

直政・忠勝が、赤坂は仮設の陣屋であり、防御面が脆弱なため、竹中重門《たけなかしげかど》の居城である菩提山《ぼだいさん》（岩手城）へ本陣を移すことを提案した。しかし、大軍を移すとなると近くにいる敵方から容易に察知され、攻撃されかねないとの家康の指摘に対し、直政は、すでに周辺の地理を家臣に調べさせ、菩提に至る間道があることをみずから確認していると答え、家康は直政の準備周到さを賞賛したという（「一本関原軍記」「別本慶長軍記」など〈『朝野』〉）。

直政は、赤坂着陣以来、大垣城と対峙するにふさわしい要地を探すという配慮をしていたことが伝わっている。このようなことは、軍事指揮を担当する者にとって必須の作業であり、軍略に優れた直政の家臣らが調査し、それを直政へ報告していたのであった。

翌朝早くに本陣を移すことに決してその軍議は終わったが、結局、その日の深夜に西軍が大垣城を出て関ヶ原に陣を移したことにより、直政の菩提本陣案は実行されずに終わってしまったという。

九月十五日の合戦——一番槍の実像

九月十五日の合戦では、井伊隊は娘婿である松平忠吉（家康四男）とともに東軍の一翼を担い、徳川配下唯一の部隊として活躍した。とくに、この日の先鋒は福島正則へ命じられていたが、直政と忠吉が福島隊の前に出て抜け駆けし、開戦の火ぶたを切ったことはよく知られている。

ただ、この行為を笠谷和比古氏は、「井伊直政自らが松平忠吉をともなって馬上で敵陣に駈け込み、そして一番槍を入れた」程度の行為で、「抜け駆けともよべないほどに控えめな、霧の中での偶発的な遭遇戦という形をとったもの」とし、「福島隊の先陣を侵犯して抜け駈けを行ったという非難をかろうじて回避するとともに、徳川武将が関ヶ原において一番槍を入れたという実績を残そうとした」と評価された（笠谷二〇〇〇）。この評価に異論はないが、さらに付け加えるならば、徳川にとっての不利を承知のうえで徳川本隊不在の決戦を唱えた直政が、自分自身の手でその戦略上の弱点を克服しようと取った行動だったのではないかと考えられる。

井伊直政・松平忠吉陣跡　岐阜県関ヶ原町

井伊隊の先手は、木俣守勝と鈴木重好が

率いる二隊で、宇喜多秀家《うきたひでいえ》隊に攻めかかった。木俣配下の騎馬武者としては、足軽大将脇五右衛門や中村与兵衛・小幡孫次郎と、その弟で牢人の身であった小幡景憲が足軽より前に出て敵と組み合い、敵の首を挙げる活躍をしたという。景憲は「甲陽軍鑑」の著者として知られる軍学者である。彼は井伊家の家臣ではなかったため、黒具足を着けて戦った。宇喜多方が崩れそうな気配をみせたところで脇五右衛門が声をかけ、井伊勢が一斉に鬨《とき》の声を揚げて敵へ進み、敵兵を崩したという。合戦全体で井伊隊が討ち取った首級の数は百五十で、そのうち五十三を鈴木隊が討ち取ったという。

その後の合戦で、直政の行為として特筆すべきは、敵中突破して戦場を退却しようとする島津義弘《よしひろ》隊を追撃したことであろう。直政はまっさきに駆け出して島津隊を追い、このとき、島津隊の放った鉄砲で負傷してしまった。島津方の記録によると、撃ったのは島津家臣の河上四郎兵衛の若党《わかとう》柏木源藤という。鉄砲が当たったのは右腕あるいは右肘という記述があり、二か所撃たれたとするものもある。翌十六日以降、直政は書状で花押《かおう》を据えることはなくなり、すべて印判を使用していることから、合戦で利き腕を負傷して、筆を執れなくなってしまったことは間違いない。

長久手の合戦の際、直政自身が敵中へ駆け入って幌《ほろ》武者と組み、敵首を取ったが、これを見た安藤直次が大将の役割は一兵卒の首を取るのではなく軍の指揮であると諌めたため、直政はみずからの本陣へ戻り、軍を整えたという話が残っている。このときの忠告が活かされていれば、このような傷を負わずに済んだかもしれない。

第三章　激務だった戦後処理

合戦直後の諸将との交渉

関ヶ原で勝利した後も、直政は休む暇なく次の軍事行動や交渉を担っている。

九月十六日には、井伊隊は小早川秀秋隊らによる佐和山城攻撃に同行した。城主石田三成はすでに敗走しており、まもなく落城させた。

他方で、この頃、直政は諸将との交渉も進めている。西軍の本陣であった大垣城では、肥後人吉《ひとよし》（熊本県人吉市）の相良長毎《ながつね》らが西軍から東軍へ寝返った。相良は家康の関東出馬に遅れて国元から大坂に到着すると、西軍が挙兵したところであったので、その一員として行動して大垣城まで来ていた。しかし、長毎は前年より徳川方とつながっていた。

長毎は、慶長四年閏三月吉日付で黒田長政と起請文を交わしている（『黒田』）が、その内容は、家康が秀頼のことを疎略にしないということを承知したので、家康に奉公忠節を尽くすというものである。つまり、長政を介して家康に味方することを表明していたのであった。長毎に対する徳川方の取次は直政が務めた。そのため、慶長五年七月の時点で、大坂にやってきた長毎は、西軍と行動を共にせざるをえなくなった事情を直政へ伝え、そのことを家康も了解していた。長毎は、東軍に合流でき

福島正則画像　東京大学史料編纂所蔵模本

ないまま大垣城に入っていたが、九月十五日の未明に石田三成らが大垣城を出た後、東軍方に寝返って大垣城を守る垣《かき》見《み》家純《いえずみ》・熊谷直陣・木《き》村《むら》重則《しげのり》を討つと、直政に使者を派遣して、城を明け渡すと伝えてきた。それを受けて、直政は検使として家臣勝五兵衛を遣わし、勝が長毎の戦功を確認して、長毎からの書状とともに敵将の首を大津滞在中の直政のもとに届けると、家康による首実検が行われた（『相良』）。

十七日に佐和山城を落城させると、次の敵は大坂城にいる毛利輝元となり、十八日には家康は諸将とともに進軍した。井伊隊も、この行列の一角を占めている。家康は大津に到着すると、大坂城との決着がつくまでここに滞在し、輝元との交渉を見守った。

家康が大津に着陣してまもなく、大津から京都へ入る日《ひ》ノ《の》岡《おか》の関所で、福島正則と徳川家臣の伊奈図書との間でいざこざが起こり、直政が裁定した事件が起こっている。家康は、京都へ入る関所を封鎖し、伊奈図書ら三名に関所の警固を命じていたが、福島正則の家臣が使者として派遣されてこの関を通ろうとしたところ、伊奈の家臣がこれを見咎め、打擲《ちょうちゃく》するに及んで、使者は福島にこの屈辱を訴えて切腹してしまった。正則はこれを家康方に訴え、直政が対処することになった。直政は、関ヶ原随一の戦功をあげた正則がここで離反してしまい、大坂城の毛利輝元と手を結んで家康に刃を向けることは何としても防がなければならないとして、正則の機嫌を損ねないようにとその主張を受け入れ、図書を切腹させる決断を家康に促したという（『朝野』）。この一件は、比較的同時代に近い史料も含め、多くの史料で取り上げている。細部に差異はあるが、事件の概略に大差はない。

そのほか、直政は大津在陣中の九月二十三日に京極高次へ書状を遣わしている（『家康』）。高次は大津城に籠城して西軍の攻撃を受けていたが、十五日に降伏して高野山《こうやさん》に入っており、その高次に対して直政が家康の意を受けて出したものである。十九日にも一度書状を遣わしたが返答がなかったため再度出したもので、家康への忠節を賞し、早く下山して家康のもとに参るよう促している。

また、家康は二十四日付で小早川秀秋へ宛てて、関ヶ原での忠節を賞し、息子秀忠同様に思い、疎略には扱わないとする書状を遣わしている（『家康』）。この書状では、「委細は井伊兵部少輔申し入るべく候」とある。このとき直政は、大坂城の受け取りに向かっており、家康の周辺にはいない。家康の意を受けた添状を認めるわけでもないが、このように記したのは、後日、直政から恩賞についての通知があるということであろう。実際、家康は大坂城に入るとまもなく、直政・本多忠勝・榊原康政の三名に対し、諸将の軍功を調査・記録させ、天下の政務を議するよう命じている（『譜牒余録』「本多下野守」の項）。戦後の論功行賞は、この三名が判断材料をとりまとめて家康に判断を仰いだことがわかる。

関ヶ原勝利の要因——毛利との交渉

さて、関ヶ原や佐和山で勝利した後も、大坂城の豊臣秀頼のもとには大将毛利輝元がいた。そこで、輝元方との交渉が行われた結果、二十五日に輝元が大坂城を退去して、東軍先手の福島正則が入城し、軍事衝突することなく勝利した。家康はこれを見届けて大津を出発、二十七日に大坂城に入ると豊臣秀頼に対面し、輝元のいた西の丸に入った。これをもって合戦は終結となった。

輝元にはここで一戦交えるという選択肢もあったが、ここで矛を収めたのは、毛利一門と徳川方で結ばれた密約があったからである。そこで、時間をさかのぼることになるが、挙兵当初から終結に至るまでの毛利との交渉経緯をまとめて見ていきたい。

石田三成の挙兵後すぐに、毛利一門を徳川方の味方にする交渉が開始されていた。交渉したのは黒田長政である。黒田と毛利は、織田政権下の秀吉が中国攻めをしていたときに、秀吉のもとで毛利との取次をしていたのが黒田如水であったという関係があり、それ以来、親密な関係にあった。長政は、毛利一門のなかでも重鎮の吉川広家と書状を交わして、徳川に味方するよう交渉した。その結果、八月八日の段階で、毛利輝元が西軍の大将に擁立されたのは安国寺恵瓊《あんこくじえけい》一人の才覚によるもので、輝元の考えではないという広家の主張を、家康は承認している。その後も、黒田は同じ毛利一門でもある小早川秀秋へも味方するよう工作し、了承を取り付けていた。

この交渉は、長政が独断で行ったわけではなく、家康—直政—長政というラインで相談して、実行されたものであった。

両軍が美濃に集結し、合戦間際となった九月十四日、このことを保証するための起請文が交わされている。ここで交わされたのは、

井伊直政・本多忠勝（徳川重臣）――吉川広家・福原広俊《ふくはらひろとし》（毛利一門）
黒田長政・福島正則――吉川広家・福原広俊

のそれぞれが相手に差し出した二組・四通とみられる。黒田・福島の差し出したものは、井伊・本多の起請文を保証する内容となっている。

直政と忠勝が差し出した起請文では、

一、輝元に対し、いささかもって内府御在如《じょさい》あるまじき事
一、御両人別して内府に対され御忠節の上は、以来内府御如在存ぜらるまじく候事
一、御忠節相究り候はば、内府直の墨付、輝元へ取らせ候てこれを進《まい》らすべく候事

【現代語訳】

一、輝元に対して家康は、少しも疎略に扱うことはない。
一、吉川・福原の両人が、家康に対して特段の忠節を尽くされるならば、家康は今後、両名を疎略にはしない。
一、家康への忠節が確認できたなら、家康が直筆で輝元の領地を保証する文書を出す。

という三か条の内容を誓約している（『毛利』）。

一条目では、家康が輝元には「如在ない」（疎略にしない）と誓う。これは、毛利方が先に「輝元は

家康に味方する」と述べたのを受けたものである。二・三条目では、徳川に味方していることが確認できれば、毛利の領地は今までどおりとする、と述べている。つまり、吉川・福原は西軍方の部隊として大垣周辺に軍勢を置いていたが、軍勢を動かさないことで実質的に徳川方に味方することを誓約したのであった。

実際、九月十五日の合戦では、起請文のとおり、南宮山《なんぐうさん》に布陣した毛利勢は動かなかった。このことで、西軍の軍事力の一翼が欠けることになり、東軍が勝利に至った要因の一つにかぞえることができる。西軍の小早川秀秋が十五日の合戦中に東軍方に寝返ったことは有名な話であるが、これも事前に黒田を通じて内応の約束を取り付けていた。

このように、三成が挙兵した当初から、黒田長政は毛利一門を味方につける交渉を続け、その結果として、九月十五日の合戦で西軍の兵力を削減することに成功し、勝利につながったのである。

毛利との戦後交渉も、引き続き同じルートで行っている。輝元は西軍の総大将として大坂城にいたが、まずは黒田長政・福島正則と輝元との間で使者による書状のやりとりがおこなわれた。これで好感触を得ると、九月二十一日に福島・黒田や池田輝政・藤堂高虎・浅野幸長といった先手の豊臣諸将が大坂に向かい、二十二日には直政と本多忠勝も大坂へ出発した。和議の話し合いの結果、二十五日に条件を明示した起請文を交わして（『毛利』）、輝元は大坂城から退去した。

このとき交わした起請文の内容を見ると、交渉の前提となったのが、九月十四日の直政・忠勝の起請文であったことがわかる。豊臣五将（池田輝政・福島正則・黒田長政・浅野幸長・藤堂高虎）から輝元に出された起請文の第一条は、「井伊兵部少輔・本多中務大輔の誓紙、いささかも偽りこれ無き事」とある。十四日の起請文の中に領国を安堵するという文言があり、輝元はこの項目の遵守を条件に大坂城から退去することをみずからの起請文で示し、五将もそれを承認していたのであった。

輝元を大坂城から退去させた後も、講和を結ぶまで毛利との交渉は続いた。九月二十九日には、黒田長政が吉川広家に起請文を差し出して毛利輝元の身上を保証している（『吉川』）が、第三条目には「御進退の儀において、井兵少《（直政）》と申し談じ、我ら請けかかり申す上は、一切心疎くあるべからざる事」とある。輝元の進退については、長政は直政と相談して引き受け、疎遠にすることはない、と述べている。ここでも、長政と直政が実質的に交渉を進めたことがわかる。翌晦日には徳川三宿老の連名で、福島正則・黒田長政に宛てて、講和のための条件五か条を示した（『毛利』）。差出・宛所とも連名になっているが、前日の起請文のとおり、実質的に交渉したのは直政と黒田長政であったことは明らかである。毛利がこれを承諾すれば落着というところまで和議がまとまった。

ところが、十月二日に至り、事態は急変する。徳川方では今回の合戦で諸将が実質的に味方していたのか敵対していたのか、その動向の調査を進めていたが、そのなかで輝元は西軍大将に祭り上げられただけでなく積極的に書状を発し、さらに伊予松前へ派兵していたことが確認された。輝元は、実質的に敵方として行動していたのである。これにより、九月十四日の起請文で前提条件としていた輝元の忠節は認められなくなり、この起請文をもとに交渉してきた和議も撤回されることとなった。

そこで徳川方は、当初から味方していた吉川広家に毛利領国のうち周防・長門の二国を下すと内定し、直政が広家を呼び出してその旨を申し渡した。広家はその場で、輝元の行為は本人の所存ではなく、石田三成・安国寺恵慶に動かされたのであり、毛利本家の永続を願う旨を伝え、さらには長文の起請文を認めて、重ねて懇願した（『家康』）。

その結果、十月十日、毛利輝元・秀就父子に周防・長門を安堵する旨の家康の起請文が出され、直政も十二日に起請文を差し出して家康の起請文を保証した（『毛利』）。これに対して、輝元は出家して宗瑞《そうずい》と称し、十一月五日に直政へ起請文を提出した。そこには、

一、今度の儀、御取成をもって身上相澄《（済）》み候段、過分至極に候、殊に内府様御誓詞下され候儀、身に余り忝く候、子々孫々において忘れ存ずまじき事

一、以来の儀、諸事頼み存外他に無く候の間、御隔心なく御指南に預かるべく候

（以下略）

【現代語訳】

一、今度の件は、直政の取りなしで自分の処遇がうまく収まったのでありがたいことである。特に家康様から誓詞を下されたことは、身に余りかたじけなく思う。この恩は子々孫々まで忘れることはない。

一、今後のことは、諸事にわたり直政に頼み、他の者に頼むことはないので、隔心なく直政の指南に預かることにする。

とある（『家康』）。

輝元は、このたびの取り成しに礼を述べるとともに、今後は直政に諸事を頼むので指南に預かりたいとし、直政からの指図に従うことなどを誓約している。輝元は、西軍の大将として実質的に動いていたにもかかわらず、本領の一部とはいえ二国を安堵され、家の継承も認められた。この起請文は、それに対する最大限の感謝を述べたものである。毛利を徳川方に引き入れる交渉をしたのは黒田長政と吉川広家ではあるが、長政の背後には直政がおり、毛利家が存続できたのは直政の尽力によるものであると輝元が認識していたのであった。

真田昌幸の助命

真田昌幸は、徳川が最も苦しめられた武将である。関ヶ原合戦の直前、長男の信幸は父昌幸と袂を分かち徳川方に付き、昌幸と次男信繁は石田三成の誘いに応じて西軍方に味方した。昌幸と信繁は上田城に籠もり、東山道を西上する徳川秀忠勢を足止めして、秀忠勢が結果として関ヶ原の本戦にまに合わなかったのは有名な話である。その結果、関ヶ原では徳川の主力不在で戦うことになり、それが戦後のパワーバランスにも影響を与えている。家康にとって、昌幸は許しがたい相手であった。

その昌幸の助命に、直政が関わっている。真田と直政の間には、七月の段階で信幸が徳川方に付くことを判断した際に、直政が家康に取り次いだという関係があった。

真田家に伝わった「真田家武功口上之覚」（『真田』）には、昌幸の助命が認められた経緯が次のように記されている。合戦後、信幸は一命に代えて昌幸の助命を本多忠勝（信幸の岳父）と直政へ頼ん

真田昌幸画像　上田市立博物館蔵

だところ、両名は家康には詳細を伝えずに信幸が家康の面前に出て訴える場を設定した。そこで信幸が父昌幸の助命を述べると家康が判断しないうちに、直政が「安房守《（真田昌幸）》一命助け申し候」（昌幸の命を助ける）と回答した。直政は、家康の意向を確認せず勝手に回答したのであった。

家康にとって昌幸は、助命嘆願を受け入れられる相手ではなかったためたいそう立腹したが、直政は「伊豆守《（真田信幸）》父子引き別かれ忠義申し上げ候義、安房守御刑罰の上は、何分の御厚恩御座候ても在命甲斐なしと存じ御訴訟申し上げ、御承引御座なく候わば、伊豆守存知相究め候と相見え申し候、その上私儀も頼まれ、御承引御座なく候えば、御奉公罷り成りがたく存じ詰め候、本多中書《（忠勝）》儀も私同意に御訴訟申し上げ候間、この儀においては安房守の命御助け下され候ように」と訴えた。つまり、信幸は父と別れて家康に忠義を尽くしたが、昌幸の命を奪えば、その忠義に対してどんな恩賞を得ても生きている甲斐はないと訴えており、そのうえ、自分（直政）も頼まれたことが認められないとなると、家康への奉公を続けられないと述べたのであった。

自分の進退を懸けたすさまじい交渉術である。相手が主君の家康といえども、一時の感情に動かされるのではなく、その後の影響を考えて最善の策を主張している。訴えてきている者にとって何が最良の恩賞かを判断し、それを与えることによって相手はさらに忠義を尽くすであろうし、結局は徳川のためになるという判断である。この結果、真田昌幸の命は助けられ、高野山への蟄居という処分が下された。

伊達政宗との交際

一方、奥州では、伊達政宗・最上義光が山形周辺で上杉勢と戦っていたが、九月十五日の敗戦を聞いた上杉は十月一日に退去しはじめ、東軍の優勢となっていた。上杉方と戦っていた伊達政宗は、徳川方と戦況の情報交換をする相手の一人として、直政と書状を交わしている。家康から政宗への取次は、茶人今井宗薫《いまいそうくん》が務めており、直政からの書状でも、宗薫が詳細を伝えるといった表現が含まれる。直政は、取次より上級の立場として政宗と接している。伊達との交際の端緒は不明だが、政宗は、徳川内部での最高実力者である直政と懇意にすることによる有用性を狙ったのではないだろうか。実際、三宿老のうち政宗が懇意にしていたのは直政だけのようである。慶長五年の年末に、政宗が徳川一族および家臣へ遣わした歳暮の進物一覧によると、家康・秀忠のほか、家臣では直政、本多正信・本多正純・村越茂介・大久保忠隣および今井宗薫へ子籠鮭と塩引鮭を贈っており、その数量は、直政は秀忠と同数で、家臣では最も多い（『伊達』）。政宗が直政をいかに重視していたかがここからもうかがえる。

なお、直政没後に決定したことであろうが、直政の娘が政宗の長男秀宗《ひでむね》へ嫁いでいる。秀宗は、政宗の長男（母は側室）として生まれ、政宗の跡継ぎとして育てられたが、慶長四年に正室を母にもつ弟（のちの二代忠宗《ただむね》）が誕生したことから、秀宗は別家をたてて宇和島《うわじま》藩主となった。伊達家と婚姻関係を結んだのは、徳川筆頭家臣の家柄によるものであるが、直政が政宗と親密な交際を続けていたことが考慮されてのことであろう。

九州の東軍方への取次

九州では、豊後の旧国主で、秀吉によって領地を没収されていた大友吉統《おおどもよしむね》が、西軍に属して東軍方の豊後杵築城を攻撃した。そこで、黒田如水が杵築城に援軍を向けたため、吉統は降伏して東軍が勝利した。このことが家康のもとに伝えられると、九月二十八日には如水に宛てて、家康から褒状および直政の添状が出されている。十月五日にも、如水から遣わされた書状の返書として、家康および直政、本多忠勝が如水へ戦功を賞する書状を遣わしている（いずれも『黒田』）。

十月二日には、家康から日向飫肥《おび》城の伊東祐兵へ、味方についてることを賞し、薩摩の島津氏へ兵を向けるよう指示する書状（『家康』）を遣わしたが、これも直政が取り次いでいる。祐兵は大坂にいたため、豊臣の奉行に迫られて西軍方に兵を出したが、本意ではないため黒田如水に相談し、自身は病身で帰国できないため嫡子の祐慶を日向に帰し、東軍方として西軍方の秋月種長らと戦った。おそらく、黒田如水から直政を通じて家康にこの事情が報告されたのであろう。これにより、伊東氏が東軍であることが認められて、次の出兵も命じられた。

また、西軍の主力であった立花宗茂《たちばなむねしげ》は領地の柳川《やながわ》（福岡県柳川市）に戻っていたが、十月、それを佐賀の鍋島直茂らが黒田如水・加藤清正らとともに攻撃し、開城させた。このときの直茂の戦功を賞する家康の書状、直茂の息子の勝茂に宛てた直政書状と家臣へ戦功を賞する直政書状が確認できる（いずれも『家康』）。

このように、九州の諸将が徳川方として戦った中核には黒田如水がいたが、如水と直政のつながりによって、九州の徳川方諸将に対しては、直政が取り次ぎを行っている。

土佐・浦戸城の接収

土佐の長宗我部盛親《ちょうそかべもりちか》は、石田三成の挙兵に応じて兵を大坂へ上らせ、九月十五日の合戦では南宮山の毛利隊とともにあった。毛利隊が戦闘に入らなかったため、盛親もここでの交戦はなく、味方の敗北によって戦場を逃れた。帰国の途上、堺で岸和田《きしわだ》城主小出秀家《こいでひでいえ》と戦ったが、その後、乗船して土佐に戻った。このとき、盛親は家臣を井伊直政のもとに遣わして釈明したため、直政は家臣の川手内記と梶原源左衛門を土佐に派遣して盛親の上洛を求め、十月十二日に盛親は大坂の家康のもとに至った。ここで、盛親が直政を頼りにしたのは、「井伊侍従と常に交通有る」「父元親ト入魂《じっこん》」のためという理由が、「関原軍記大成」などの軍記類に記されている。実際、天正十二年の小牧・長久手の合戦の際には、家康が長宗我部元親に出陣を要請したのに対する長宗我部からの使者を直政が応対しており、それ以後も関係が継続していたと推測できる。

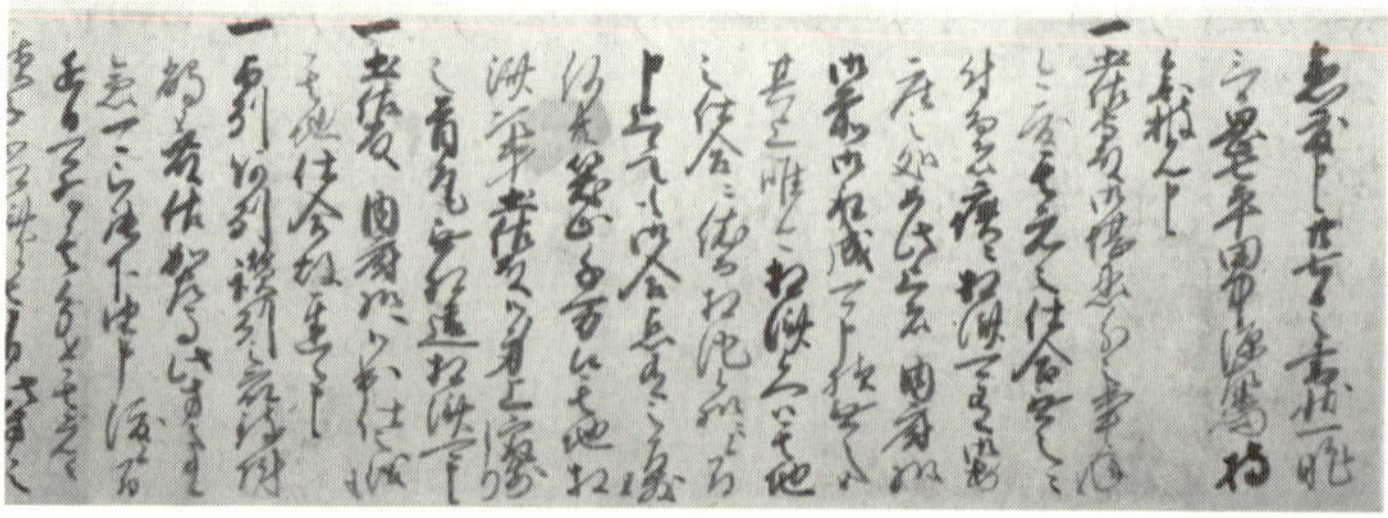

裁定の結果、東軍に通じていた兄の津野親忠《つのちかただ》を自害させたという理由で、盛親は領国土佐を没収され、直政が居城の接収を命じられた。そこで、家老鈴木重好に兵三百騎を付けて浦戸《うらど》城接収のために派遣した。また、盛親の妻室が大坂へ向かうための伝馬・交通を確保するよう指示を下している。ところが、長宗我部氏の下級家臣が浦戸城に立て籠もって抵抗したため、鈴木は城を接収できずにいた。難航している状況を直政に報告したところ、直政からそれを叱責する返書が送られた。

十二月一日付の書状では、あえて入魂な仲である井伊家が赴いたのに抵抗された不手際を叱責し、なお成果が得られなければ、さっさと帰ってくるか、そうでなければ家康から軍勢を派遣して悉く討ち果たすのでお前たちもそこで討死するようにと、強い口調で指示している（『譜牒余録』「水戸殿藩士」の項）。これは単なる脅しではなかったようで、十二月五日付の書状では、浦戸城の不首尾のせいで盛親の処分が決定せず代わりの領地をもらえずにいると不具合の影響が出ていることを知らせるとともに、一日の書状で述べたことが現実となり四国の諸大名に土佐への出陣命令が下りたことを伝えている（「水戸鈴木家文書」）。

鈴木らは、十二月初旬には浦戸城を攻撃して抵抗する旧臣を討ち取り、

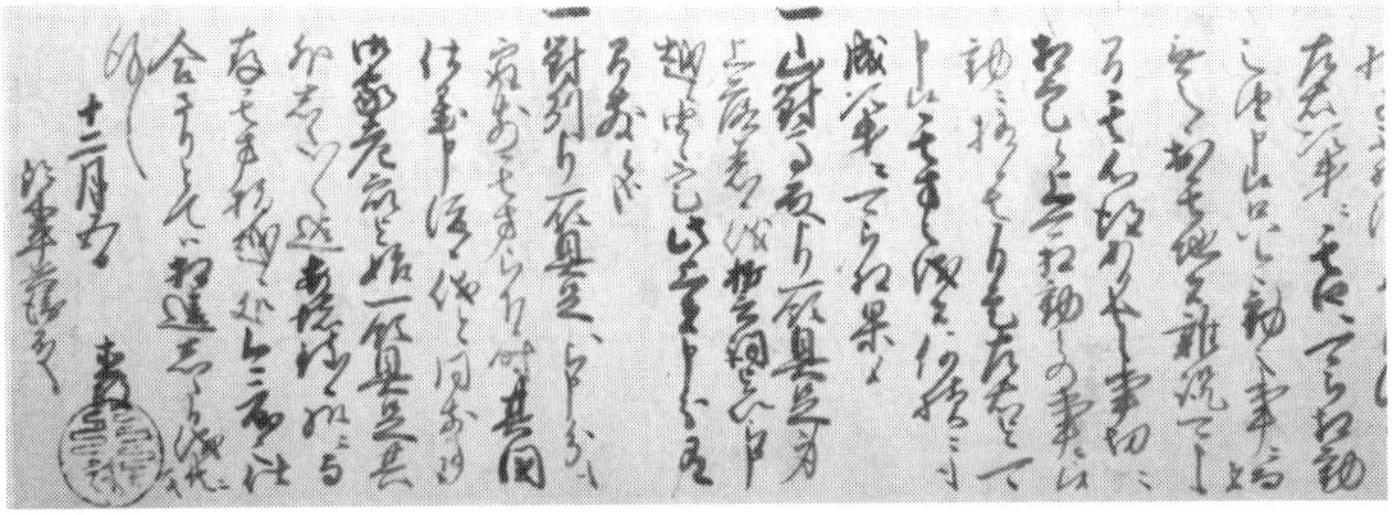

井伊直政書状　鈴木重好宛て　慶長５年12月５日付　個人蔵　水戸市立博物館寄託
鈴木らが土佐・浦戸城の接収に手こずるため援軍を派遣すると伝える

十二月五日に城を接収することに成功した。これにより、城内にある武器・兵糧の書き上げを浦戸の老臣から受け取ってそれを大坂にいる直政のもとに送ると、直政から道具の処置について指示が下されてきた（「鈴木文書」）。

これらの直政書状は、家臣との関係を具体的に示す数少ないものである。家臣に対して厳しい側面があったことがわかるが、みずから足を運べない状況で、期待どおりの成果が挙げられないことへのいらだちも感じられる。

島津氏との和議交渉

合戦後の和議交渉として、最後に残ったのが薩摩の島津であった。関ヶ原で西軍の各隊が敗れるなか、戦場に取り残された島津義弘は、敵中を突破し、井伊隊などが追撃するなか戦場を抜け出して薩摩まで戻った。

島津と徳川とは、前年に島津家中で起こった庄内の乱を徳川が調停していたように、もともと敵対する関係ではなかったが、石田三成の挙兵時に義弘は上方にいたため、なりゆき上、西軍方に属していた。

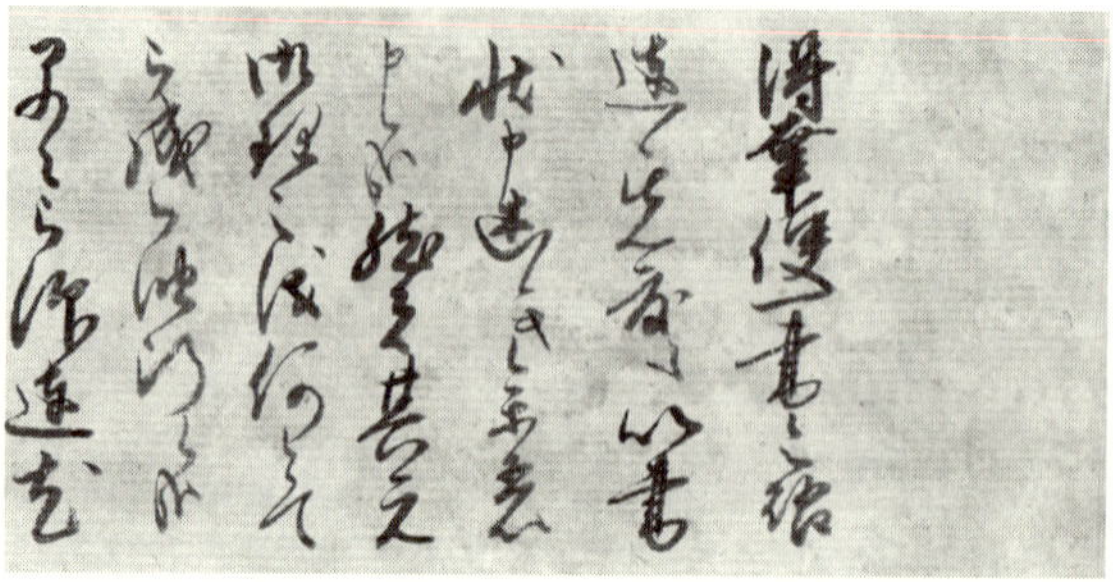

そのため、関ヶ原の合戦でも積極的に攻撃することはなく、西軍方の敗色が濃くなると戦場から逃れていった。

そこで、十月に毛利との和議がほぼまとまると、徳川方は井伊直政・山口直友を窓口として島津との講和交渉を開始した。両名は、庄内の乱を調停した際の徳川方の担当者でもあり、引き続き島津との交渉を担当したのであった。

合戦後、徳川方は島津の家臣で敗戦後落ち延びていた本田助之丞と新《にい》納《ろ》旅庵《りょあん》を捕らえていたが、彼らから事情聴取した結果、島津は家康に敵対する意図はなかったことを確認し、十月十日、本田に直政と山口直友の書状を持参させて薩摩へ戻した。その書状には、島津家の最高実力者である島津義久（義弘の兄）が上洛して家康に対面することを勧め、直政が取り次ぐことを約束している。返事は十一月四日頃に記されてもたらされたが、それが直政のもとに届いたのは十二月十三日頃になっていた。これを受けて、十三日付の書状とともに、直政から家臣勝五兵衛、山口からは和久甚兵衛を使者として薩摩へ遣わした。その返事は、翌慶長六年正月十二日付で義弘から、十五日付で忠恒（義弘の子、次期当主）から出され、三月七日に直政はそれに対する返事を出している（『島津』）。

このように、大坂・薩摩間を使者が行き来して交渉するため、往復で

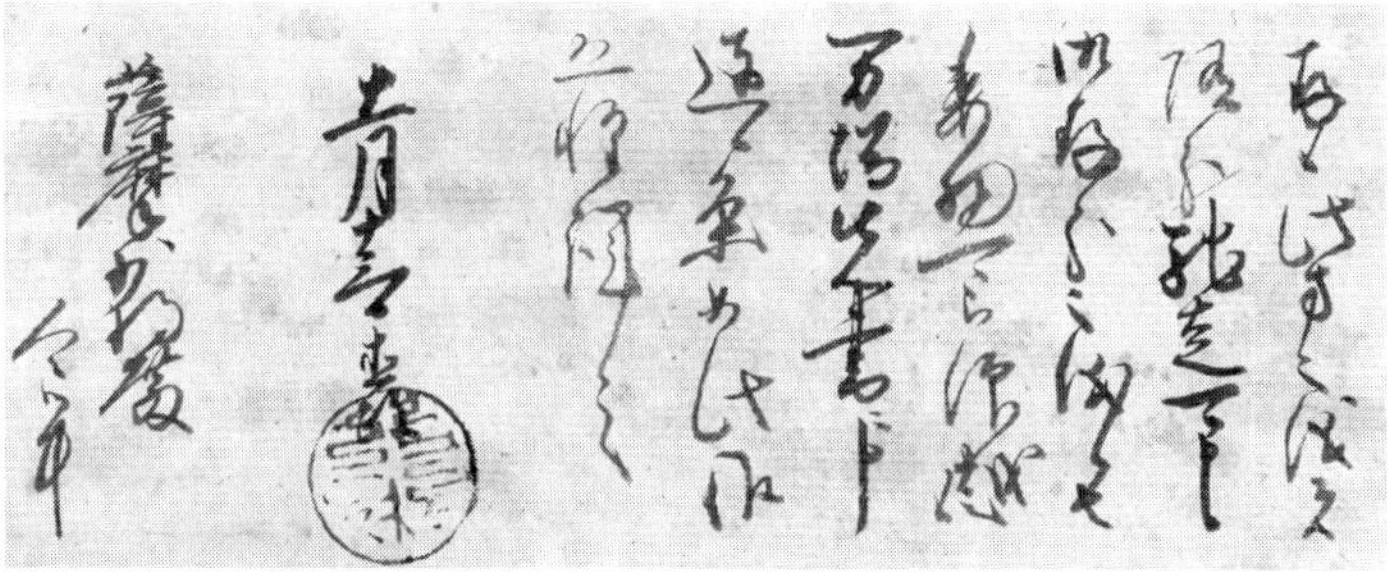

井伊直政書状　島津忠恒宛て　慶長５年11月13日付　東京大学史料編纂所蔵　関ヶ原合戦の講和のため上洛することを求める

二か月以上も要し、話がなかなか進展しなかった。直政は、第一報を出して以来、返事がなかなか返ってこないので、十一月十三日には先便が確かに届いているか確認して、上洛を促す書状を再度出したほどであった。交渉を早く進めようとはやる直政の心がうかがえる。慶長六年春になると、直政は佐和山に戻って交渉の担当から外れるが、同年秋には島津の家老が上洛するなど交渉が続けられた。最終的には、慶長七年十二月に家康の求めた義久ではなく後継者の忠恒が上洛し、伏見で家康に対面して本領が安堵された。これにより、ようやく関ヶ原合戦の講和が完了したが、すでにこのとき、直政は世を去っていた。

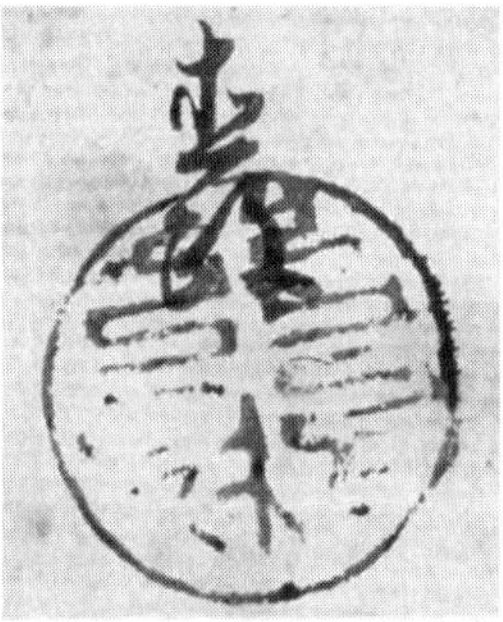

井伊直政印判

第四章　佐和山城主となる

直政は、関ヶ原合戦での戦功により、石田三成の旧領である近江佐和山十五万石を拝領した。上野国内の所領は、元の十二万石のうち三万石を引き続き領することになり、あわせて十八万石へと加増された。

佐和山へ入る

佐和山城は、近江東部の中核となった城で、琵琶湖の東側を通る街道が、湖岸を離れて美濃方面へ向かう東山道（江戸時代の中山道）と、北陸へ向かう北国街道へ分岐する位置にあり、古くから交通の要衝であった。戦国時代には、浅井氏と六角氏が争う堺目の城としてたびたび戦いの舞台となっており、軍事拠点としての性格が強かった。織田信長の上洛後は、岐阜と京都の中継拠点となったが、その性格は安土城が完成するとそちらに移行する。信長の没後は、周辺地域を支配する大名の居城としての性格を強め、堀秀政《ほりひでまさ》、堀尾吉晴の時代をへて、石田三成が城主となっていた。

佐和山は、関ヶ原合戦の勝利によって徳川方が新たに獲得した領地のうち、西端の要衝に位置する。この最前線の位置に徳川最強を誇る井伊の部隊を配置することで、京・大坂や西国に向けての押さえとなった。また、この配置は、西国に領地を得た豊臣諸将との折衝を担当してきた直政の立場を象徴していると見ることもできよう。

直政の佐和山入部の年代は、慶長五年十月、翌六年正月、同年二月と諸説ある。『寛永系図』では、慶長五年十月、大坂城で諸大名への領地替えが決まったあと、直政の新領が家康から言い渡され、翌六年正月に入部したとある。また、「当代記」には、慶長六年二月に、直政、本多忠勝、松平忠吉、奥平信昌《のぶまさ》、石川康通、本多康重ら徳川重臣の国替えが定まったとある。

佐和山城跡　滋賀県彦根市

合戦で活躍した諸将への恩賞としての国替えは、慶長五年十月段階で基本的に確定しており、豊臣諸将にはこの時点で言い渡されていた。城主の配置は全体で考えないといけないので、徳川家臣の国替えも、主要な城地は同時に決定していたことであろう。直政に佐和山城を与えることも、このときに内定していたと考えられる。その後、正式な領地替えの命令と、それを受けての「入部」、すなわち新領地への国入りが行われたのが慶長六年正月と考えれば筋がとおる。ほかの徳川家臣の領地替えを拝命した時期を『寛永系図』で見ると、本多忠勝は慶長六年、奥平信昌は慶長六年三月とあり、徳川家臣の中には、二月から三月頃に新領地が決定した者もいたことがわかる。「当代記」の記述は、このような決定時期に幅があるものを一括して記したことから、厳密性に欠けた記述となったのであろう。

　このように考えると、井伊家が正式に佐和山を新領地としたのは、慶長六年正月といえる。家臣らは高崎から佐和山へ移り、新たな領地支配を開始した。このとき、当主である直政は、家康とともに大坂にいたため、正月段階で国入りしたかどうかは不明であるが、三月十八日付の相良長毎宛て書状で「拙者儀相煩い、佐和山へ参り候」と述べている（『相良』）ことから、三月中旬までには体調不良のため、大坂を離れて佐和山に入ったことが確認できる。この頃までには、島津氏を除くと敗軍方との交渉は落着しており、政務は一段落していた。休息を取って体調をととのえるため、また、新たな領地支配を主導する必要もあり、直政は佐和山城へ入った。

新城の築城計画

　佐和山城に入った直政は、すぐに城の移転を検討しはじめる。佐和山は、敵将石田三成の居城であったが、周辺に平地が少ないため、家臣や商工業者が居住する城下町を築くことが難しかった。そこでこれを廃して、地理的条件のよい場所へ、新たな城を築くことが計画された。

　直政の時代には、松原内湖の北に位置する磯山《いそやま》が第一候補となり、家康の合意を得ていたようである。しかし、直政の没後、この計画は再検討され、彦根山に新たな城を築く案を家康に諮ってそれが承認されたことによって、彦根山への築城が決定した。慶長八年、木俣守勝が伏見へ行き家康に対面して、磯山よりも彦根山のほうが地理的条件に優れているということを、絵図を示して説明したという（「木俣土佐守守勝武功紀年自記」）。

築城工事は、徳川による公儀普請として行われた。徳川から普請奉行が派遣され、周辺の若狭・越前・美濃・飛騨・尾張・伊賀・伊勢の領主が助役として動員された。慶長九年七月一日に工事を開始し、慶長十二年の早い段階までには、三重の天守をはじめ第一廓の内側がととのい、軍事施設としての城郭ができあがったところで、公儀普請は完了となった。城下町の整備は、大坂の陣が終わった元和元年（一六一五）から行われ、元和八年までには城下町までを含めた築城工事がほぼ完了した。

関ヶ原合戦の恩賞をめぐる騒動

佐和山城に入った直政に対し、家臣が合戦の恩賞をめぐって騒動を起こす。

井伊家では、家臣らの合戦での活躍を審議して恩賞を与えたが、その一環として、吉川長左衛門・五十嵐軍平ら三人を物頭《ものがしら》（足軽大将）に取り立てたところ、それに不満を持った「八人衆」が直政に直訴したのである。この一件は、重臣戸塚正鐘の著した「直政公御一代記」と、家老木俣家で元禄十一年（一六九八）にこの一件を記した留書《とめがき》の二つの史料にくわしいが、両者の細部は異なるため、早くに成立した前者を基本に内容を見ていく。

八人衆の名は、「直政公御一代記」では内山十太夫・大久保将監・菅沼郷左衛門・小野八右衛門・新見藤次ら八人とし、全員の名が伝わっているわけではない。彼らは、関ヶ原合戦で吉川らよりも早く高名を挙げたのに自分たちが足軽大将に取り立てられなかったことを不満に思い、直政が出かけた

村雨の壷　木俣家旧蔵　彦根市立図書館蔵古写真　家臣の直訴一件を収拾した褒美に木俣守勝が直政から拝領した品

ときに道端で直訴したのである。訴状を読んだ直政は、「関ヶ原の働きは吟味をして彼らを足軽大将に取り立てたのだから、この訴えはわがままだ」と、左手で脇差を抜いたので八人衆は逃げ去った。

直政は館に帰り、家老らを召し出してこの件を協議した。そこで直政は、戦功は吟味して下しているのに八人衆が直訴してきたと立腹したが、実は、戦後の論功行賞を吟味する際に家老が提出した書類に記されていた内容を直政が失念したまま三人を足軽大将に任命していたため、家老の木俣守勝は「私が殿様へ三人のことを申し上げたので、殿様はそのとおりに取り立てた。私の不覚悟のためにこのようになった」と、自分に責任があると述べたため、直政は機嫌を直した。その後、直政は座所へ戻って家老が出していた書面を確認したところ、自身が失念していたことに気づいた。そこで、岡本半介を使いとして、家康から拝領した名物の村雨の壷を守勝へ下したとある。

木俣の留書には、直訴から逃げ帰った八人衆を守勝が自邸に呼び寄せ、家老を差し置いて直訴するのは慮外至極であると強く叱ったうえで、「無骨な武道一篇の者なので仕方ない。吉川・五十嵐を物頭に任命したのは、自分たち家老がしたことなので直政はご存じない。奉公人の役儀は一、二度の働きだけで決まるものではない。訴訟をやめてこれまでと変わらず奉公するのがよい。直政へは自分が謝っておこう」、と説得して彼らを納得させた。これを聞いた八人衆は平伏し、「身に余る仰せである。我々が誤っていたので、お許しいただければ今日から御奉公する」、と自分たちの誤りを認めて納得した。そこで守勝は、このやりとりを直政に報告した。

それから四五日経って、守勝は直政の面前へ召し出されてこの件の次第を御尋ねになり、直政は守勝が八人衆に述べたことを了解して、彼らの直訴についても不問に付すこととして、この件は落着した。そのうえで直政は、近年の守勝の働きを評価し、この先心気を慰めてゆるやかに暮らすようにという思いをこめて、所持する壺のうちの一つを下賜するので、床に並べてある壺のいずれかを取らせると述べた。守勝が床を見たところ、壺が五つ六つ並べてあり、その中に名物の村雨の壺がないか見たところ、三番目に村雨の壺があったのでそれを抱き上げ、この壺を拝領すると言うと、直政は「いやその壺は子細があり、我ら方一の重宝なのでそれはダメだ」と述べたが、守勝が足早に去ったので直政も諦め、袋

関ヶ原合戦図屏風　木俣家伝来本（部分）　彦根城博物館蔵　画像提供：彦根城博物館／DNPartcom　直訴一件に関わる家臣が活躍する構図に改変されている

や箱を届けさせた、とある。

このように、二つの史料で詳細は異なる。特に木俣家の留書は、先祖の功績を示す逸話として後世に創作が加えられた可能性はあるが、大久保将監は目安（訴状）を差し上げたことが不届きであるとして加増を取り消される処分を受けた文書が出されており（「中村不能斎採集文書」）、直訴があったことは確実である。そうであれば、戦後の恩賞が戦功を正当に反映したものではなく、直政の判断に不備があり、家臣たちが不満を持ったのも史実であろう。

なお、その後の木俣家では村雨の壷のことを、守勝の功績の証しとして直政から授かった家第一の家宝とみなし、受け継いできた。そのため、木俣家に伝来した関ヶ原合戦図屏風には、井伊隊の先頭部分に五十嵐・吉川や八人衆に比定される家臣が描かれている。この構図は木俣家伝来本独自のもので、井伊家伝来本などほかの合戦図には見られないことから、この合戦図は、村雨の壷拝領につながる八人衆直訴の一件を連想させるよう、木俣家の意向で構図を改変して制作されたと考えられる。

直政の死去

直政は、佐和山入部の約一年後、慶長七年（一六〇二）二月一日に佐和山城で死去した。四十二歳であった。遺骸は、善利《せり》川の中洲で火葬したという。

死因は、関ヶ原合戦で受けた傷が悪化したともいわれるが、史料を丹念に見ていくと、関ヶ原合戦前から体調が悪かったのはこれまで見てきたとおりである。

慶長五年七月段階で、「よこねふるひ」という病状で外出もできない状態であった。八月になっても直政の「煩い気」は続いていたが、出兵して関ヶ原で島津勢から鉄砲傷を受けた。さらに、合戦にともない敵・味方の諸将と駆け引きや交渉なども続き、傷を癒やすこともできず、体調が悪化する一方だったのではないだろうか。

直政の墓　滋賀県彦根市・清凉寺

直政は慶長六年三月に佐和山に入るが、これも病気のためであった。帰国するとすぐに、伊豆へ湯治に出かけている。その後、いったん佐和山に戻るが、同年十二月から今度は有馬（兵庫県）へ湯治に出かけ、翌七年正月十三日に佐和山に戻っている。しかし湯治で体調を回復させることはできず、直政は四十二歳の若さで死去した。

現存する史料から直接の死因を特定することはできないが、関ヶ原合戦の前から腫れ物に悩まされていたことに加え、合戦で受けた傷を癒す間もなく戦後も激務が続いたことが、死に至った要因であることは間違いない。家康と主要大名との交渉を担う重臣として、まさに身を砕いて家康の天下掌握に向けて働いたといえよう。

直政の荼毘の地　滋賀県彦根市・長松院

家康による「開国の元勲」評

　直政の功績を示す言葉として「開国《かいこく》の元勲《げんくん》」というものがある。最初にこの言葉が使われたのは、確認できる限りでは寛永十八年（一六四一）の「寛永系図」（提出本）であり、これは彦根藩士岡本宣就によって著された。関ヶ原合戦で勝利し、大坂城に入った家康が諸将の領地替えを終えた後、直政を召して「天下の大戦を争い、度々先鋒の将として勝利す、誠に開国の元勲なり」とした上で、敵将石田三成の居城である佐和山城とその領地を直政に下すと述べたと記される。天下をかけた合戦で勝利し、家康が幕府を開くに至った第一の功労者であり、敵将石田三成の居城を授けるにふさわしい人物として、直政の活躍を賞した。

　史実としては、九月二十五日の毛利輝元の大坂城退去によって合戦は終結したため、十月に入ると直政と本多忠勝・榊原康政が責任者となって諸将の動向を精査して実質的な敵・味方を認定する作業を進め、十月中にはその結果に基づいて論功行賞を行い、諸将へ領地の加増・移封を公表した。島津氏のように交渉の完了していない部分が残っているにせよ、論功行賞まで終えたことで戦後処理が一段落したことになる。「寛永系図」（提出本）の表現に従うと、家康はこの段階で直政を面前に召し出し、この合戦に先鋒の将として勝利に貢献したという理由を述べて、恩賞として敵将石田三成の旧領を授けたことになる。直政の活躍がこの言葉にふさわしいものであったことはこれまで見てきたとおりである。それだけでなく、直政の功績は軍事面のほか、諸将への味方工作や戦後の軍功認定まであらゆる面に及んでいた。家康はそれらすべてを含んで、直政の合戦での功績に対して最大級の賛辞を贈ったのであろう。それが「開国の元勲」という言葉に集約されていると思われる。

では、実際に家康が直政に向かって「開国の元勲」という言葉を発したのであろうか。

建国の功臣という意味をもつ「元勲」という漢語は、日常会話の中で発するような言葉とは考えにくい。「寛永系図」（提出本）は漢文体で記されており、中国の古典にも通じていた宣就が家康の話した言葉に相当する漢語表現を選んだのではないだろうか。「開国」という語も、江戸幕府を開いて三十年以上経ち、徳川の全国政権が安定した状況になってこそ使われた表現と思われる。なお、宣就は佐和山城主時代の直政のもとで、その意を受けた文書（奉書）を発給する仕事を担当しており、直政のもとに近習として仕えていた人物である。日々直政のそば近くに仕えた宣就は、家康から直政への発言を聞き及んでいた可能性が高い。家康の発言意図を漢文体で端的にあらわしたものが「開国の元勲」と考えられる。

この表現は、江戸時代を通じて繰り返し編纂される井伊家の系譜や史書の中に引き継がれていく。

終章　直政がもたらしたもの

直政没後の家中混乱

直政の息子は、正室を母に持つ直継と、側室から生まれた直孝という二人がいた。ともに天正十八年生まれで、直政が死去したときには十三歳であった。そこで、直政の没後、井伊隊を率いる当主の立場は一旦嫡子の直継が継承し、若い当主のもとで家老が政務を執ることとなった。

ところが新体制となった家中で深刻な内紛が持ち上がる。慶長十年、重臣の河手良行・椋原正直らが連名で鈴木重好の不正を幕府に訴えたのである。鈴木は「井伊谷三人衆」の家柄で当時の知行は五五〇〇石と家臣筆頭であった。訴状では、鈴木は金銀を不正に流用し、親しい者だけを登用したり処罰を軽くするといった不公正な政務を独断で行っていると批難している。このとき、鈴木派は一四五人、反対派は二二二人と、派閥争いの様相を見せたが、家康が重好を井伊家から除くことによりいったんは収まった（井伊達夫氏蔵「木俣留」〈『新修彦根市史六巻』108・109〉）。しかし、その後も対立は続いたようである。このような対立が生じたのは、直政やその重臣が相次いで死去したり高齢となり、従来の井伊家中の中核を占めていた者の多くが政務から離れてしまい、さまざまな出自を持つ者からなる家中の勢力均衡状態が崩れてしまったためと考えられる。その上、当主の直継には家中をまとめるだけの力量に欠けていたようで、幕府は直政家臣団を二つに分割することを決めた。直継には松下・小野など井伊谷以来の家臣を付けて上野国内三万石を受け継がせ、直孝には家康が創出した軍事部隊の大将という立場を継承させて近江国内の十五万石の領主とするというものであった。井伊隊は家康によって創出されただけあって、その継承や井伊家の分割も徳川主導で行われたのである。

直孝は、直政の没後、江戸にあって将軍秀忠のもとで奉公しながら、木俣守勝ら彦根の重臣と頻繁に連絡を取っており、若年ながら井伊家の意向を幕府重臣に伝えるパイプ役も果たしていた。十九歳で江戸城書院番頭、二十一歳で大番頭、二十四歳で伏見城番役と、将軍や城郭を日常的に守衛する直轄軍の小隊長を順に務めていたが、そのような中で直孝の器量は家康や幕府重臣の耳に届いていたことであろう。慶長十九年の大坂冬の陣の出陣にあたって、直孝は井伊隊を率いて出陣するよう命じられた。実は、直継はすでに二年前から彦根を離れて江戸におり、その後領地の上野安中で「押籠《おしこめ》」状態となっていた。直孝への当主交替は数年前からの既定路線だったようである。

公式には、大坂冬の陣の終結後、直孝が近江十五万石を相続するよう命じられた。このような経緯で当主が交替したため、彦根藩井伊家では、直政の家督を継いだ直孝を二代目とし、直継は別家初代とみなして歴代当主にはかぞえていない。

直孝が築いた井伊家の立場

直孝は、大坂の陣が終わるとまもなく朝廷から侍従の官位を得ている。これは、徳川家中での格式という点でも父直政の跡を継いだことを意味する。その上で、徳川による全国統治を開始したこの時期、直孝本人の才覚によって将軍を支え、その後の井伊家が「大老の家」として江戸時代を通じて将軍を支える地位の基盤を築いた。将軍の治世では二代将軍秀忠から四代将軍家綱《いえつな》までの時期にあたる。

大坂夏の陣で豊臣氏が滅びた後、幕府にとって最重要課題の一つは、京都の朝廷・公家や西国大名と良好な関係を築くことであった。幕府の強大な軍事力を背景に、硬軟とりまぜた交渉を進めていた。朝廷との関係で言えば、将軍秀忠の娘和子を後水尾天皇のもとに入内《じゅだい》させ、その次には京都における徳川の城へ天皇を招いた「二条行幸」という一大イベントを成功させた。この頃、直孝はしばしば京都周辺に出向いて諸勢力と交わり、幕府との友好関係を築くための交渉を重ねていた。

このようにして朝廷や諸大名との関係が安定すると、寛永九年（一六三二）、大御所秀忠は遺言で直孝と松平忠明《ただあきら》（大和郡山藩主、家康の外孫）に若い将軍家光の後見を務めるよう命じた。それにより両名は家光の幕政に加わることとなる。その立場はのちに「元老《げんろう》」「執政」などと呼ばれ、大老職へと展開していく。

その役割は、将軍が政策的・大局的な政策判断をする際に意見を述べるというものがある。明《みん》が滅亡した後、その遺臣が幕府へ援軍を要請してきたため幕閣で協議したときには、若い大名が援軍派遣に積極的な意見を述べる中、直孝が無益な出兵であると反対の一言を発しただけで方針がすぐに決まったと伝わる（「寛永小説」）。また、将軍が江戸城の御殿で外様大名や朝廷の使者、さらには外国からの使者と対面する儀礼の場では、他の重臣とともに将軍の周辺に居並んでその権威を示した。老中より上座に着座しており、将軍の権威を軍事的に支える重臣層の存在を儀礼の場で表現したことになる。この役割は、松平忠明が病気により幕閣の列を離れた後も、保科正之（将軍秀忠の庶子）、松平頼《より》重《しげ》（水戸藩主徳川頼房《よりふさ》の長男）といった家康の孫たちや直孝の嫡子である直滋《なおしげ》に継承された。

そのほか、秀忠が死去した寛永九年は家康の十七回忌にあたり日光東照宮で大きな祭礼が執り行われたが、将軍家光は喪中のため、直孝が家光に代わって日光東照宮へ参詣した。このほか、保科正之は将軍家綱の官位昇進の御礼のため朝廷へ使者を務めるなど、将軍の代理を務めることもあった。また、家綱の元服式では、直孝が加冠役、正之が理髪役という「烏《え》帽《ぼ》子《し》親《おや》」の大役を務めており、彼らは次期将軍家綱の後見人となり、その成長を見守る役割を果たした。

このような直孝が担った役割は、元禄年間頃までに、①家固有の役割、②大老の職務、③「溜詰《たまりづめ》」と称される重臣グループでの役割の三つに分化・再編される。

溜詰の大名家は、将軍の親族という位置づけの徳川御三家とは違って将軍臣下の立場にあり、その中では筆頭の家格であった。ただ、家臣という立場にありながらも将軍の名代を務め、将軍家の儀礼において威儀を飾ることができたのは、身内の役割に端を発しているという見方ができよう。この役割を直孝が務め、家康の孫である保科正之（会津松平家）、松平頼重（高松松平家）にその格式を継承させることができたのは、彼らが類似した家格であると見なされたのであり、そこには井伊家が徳川一門衆の扱いを受けてきた歴史が存在したと考えられる。江戸時代の具体的な場面で井伊家が一門衆と扱われることはないにせよ、直政が家康から受けた他の家にはない固有の由緒が存在し、それが江戸時代を通じての井伊家の役割を規定したという側面が強い。

直政が家康筆頭となった理由

最後に、なぜ直政が徳川筆頭に取り立てられたのか、という冒頭の問いを振り返りながら、直政が世にもたらしたものを考えてみたい。

直政が家康によって侍大将に取り立てられたのは、その出自と外交交渉能力の二点が高く評価されたためであった。

直政が家康のもとに出仕するにあたっては、井伊谷城主井伊氏の政務に携わってきたその一門衆・同心衆らが徳川方と交渉し、直政が出仕する準備を整えた。直政は国衆井伊氏を継承するその当主として徳川に臣従したのである。家康も、井伊氏にゆかりのある遠江の武家を直政の配下に付けるなどして、その出自にふさわしい処遇をした。家康にとっても、新たに支配することになった地域の旧領主を配下に入れることで、その地域の支配がやりやすくなるというメリットがあった。

仕官した時の直政は十五歳の少年であり、当初は家康のそば近くに仕えて武家社会のさまざまな事柄を学んだ。そこでは、将来的に人の上に立つ人物となることを見越しての教育を受けたことであろう。

二十二歳に成長した直政は、一人前の武家として扱われ、武田旧臣の帰属交渉や北条氏との和議交渉が任された。

このとき、直政は早くも「兵部少輔」という官途名《かんとめい》を称している。同じ頃、三十五歳の榊原康政がすでに先手大将でありながらいまだ「小平太」という仮名《けみょう》を称していたのと比較すると、その扱いの違いは歴然としている。井伊家当主にふさわしい名前をつけてもらい、徳川を代表して外部勢力との交渉に臨んだのである。

家康が直政に対外交渉を担当させたのは、出自だけで決めたわけではなく、本人の能力を見極めてのことと思われる。青年時代から交渉を成功させているのは天性のものがあったのであろう。それだけでなく、関ヶ原合戦後に真田昌幸の助命を家康に認めさせたように、直政の交渉の特徴は相手方に対しても気を配り、相手にとって最もよい身の振り方を考えるというものである。敵・味方という立場を超えて相手の身になって考えるのが直政の外交術であり、そのような直政だったからこそ徳川の「外交官」として対外勢力を味方につけることに成功したのであろう。また、昌幸の助命は、家康の考えに従うだけの存在ではなく、主君へよりよい案を提示し意見を述べる立場にあったことも示す。そのことは、関ヶ原合戦前に徳川方の先手隊として美濃に布陣し、上方・西国の諸将との交渉を一手に引き受けた際の行動にも見られる。このとき、諸将へどのように返事するかを江戸に留まる家康へ伺うことなく、直政に判断が一任されていた。それは、家康が直政の政治判断を評価し、信頼を寄せていた証しであろう。直政は、時には家康の意向に反してでも、大局的に見て徳川のためになる政策判断ができる人物に成長していた。

ただし、このような交渉・判断は直政一人の力でなし得たものであっただろうか。天正壬午の乱の和議交渉では木俣守勝が副使として補佐していたように、直政の判断の背後には守勝ら補佐役の助言があったことであろう。家康が優秀な者を直政の周辺に付けたことも、直政が成功した要因の一つといえる。

そのほか、直政が成長できる環境に置かれていたことも一因と考えられる。豊臣政権のもとで直政は大名並の格式が与えられ、徳川一門大名として政権下で諸大名と交際した。このような立場・経験が直政を成長させたに違いない。

個人の力と組織への評価

一方で家康は、武田旧臣を帰属させると、新たな部隊を創設し、直政をその隊長とした。

徳川の軍制では、地域に根ざした国衆を結集させた従来型の組織に加え、家康の手によって旗本隊が創り出されていた。岡崎から浜松に本拠を移した家康は、本多忠勝・榊原康政らを隊長とする旗本先手隊を新たに創り出し、浜松に常駐させていた。井伊隊は、これに続く組織として家康によって創出され、遠江の井伊氏ゆかりの者や武田旧臣の四隊などが同心として付けられたものと位置づけられる。家康が領地を拡大する中で新たに支配下に入った者の中から家康の手で新たに組織化した最後で最大の部隊が井伊隊といえる。

この段階では、徳川の直臣が直政の指揮下に入ったという関係であり、両者に主従関係があったわけではない。同心は徳川から本領を安堵されて経済的な保証を得て、直政のもとに配属されていた。

この関係に変化が生じたのは、天正十八年の関東への国替えである。これにより徳川主従は本領から切り離されることとなり、直政は拝領した十二万石の中から配下の者に知行地を与え、彼らを家臣としていった。

関東入国にあたり、本領に残ることを選んだ者もいる。それ以外の理由でも、処遇に不満を持ち仕官先を変えることはしばしばある。直政家臣の場合も、同輩の元家臣を受け入れたり、直政のもとを一度は離反したが年月を経て戻ってきた例が散見できる。戦国の社会では、主家からの評価に納得できない場合には主君を替えるという、家臣側が主君を選択するという意識もあった。しかし、統一政権に向かうということは、このような流動的な意識を改める必要がある。特に、家康によって創出された井伊隊は一定の方針をもって形成されていたので、その軍事編成権を侵すわがままは認められない。直政没後に家臣間で対立が生じた際、幕府が主導して井伊家を二つに分割したのも、その成立経緯から考えれば自然な流れであろう。

一方、直政本人は兵を動かす軍事作戦を立てるのに長けていたわけではない。配下には井伊谷三人衆や武田旧臣といった歴戦の猛者たちが多くおり、戦場ではこのような軍事のスペシャリストが井伊隊の活躍を支えた。

このように見ると、直政の功績とは、直政個人の能力と、家康によって有能な者を集めて創り出された家臣団組織の評価という両面から考えるべきであろう。

なお、直政個人の性格は史料からは見いだしにくい。家臣に厳しかったともいわれるが、史実からは家臣との間にそのような関係を明らかにすることは難しい。土佐浦戸城の受け取りに派遣された鈴木重好が予想以上に手こずっているという報告を受けて叱責する書状があるが、状況から考えると奮起を促すため厳しい言葉になるのは致し方ない。流布している性格はそのまま信用するよりも、後世の創作とみるのがよいだろう。一方、家康に対する忠義を忘れないという信念は史実から推測できる。

家康の天下掌握への貢献

家康が将軍となり天下を掌握するまでの道のりは平坦ではなかったが、最終で最重要な局面は秀吉が死去した慶長三年八月から関ヶ原合戦で勝利するまでの約二年間であった。この間、さまざまなルートを使って各地の諸将を味方につける交渉をした結果が関ヶ原での勝利に結びついたといえる。

このとき、直政が有力諸将との交渉を一手に引き受けている。いち早く黒田如水・長政父子と盟約を結び、豊臣恩顧の諸将を味方につけて石田三成と対決すると、戦後交渉でも毛利・島津といった敗軍の中核となった大名との交渉を担当した。家康は、三河の一大名から豊臣政権の大老、そして幕府を開いた将軍へと立場が移り変わり、多くの家臣に支えられてきたが、天下取りに動いた正念場の時期にその片腕として誰よりも貢献したのが直政であった。

家康は、出自にとらわれずさまざまな分野の有能な人材を登用している。それぞれの人物が能力を発揮できる分野を見極めることに長けていた、つまり人を見る目を持っていたのである。それはまた、時代を読む目でもあった。地域に根ざした戦国大名による地方分権の時代から、信長による中央集権国家への改革の動きをとらえ、家康は新たな軍事組織を創り出し、その時代に必要とする人材を登用した。直政が能力を発揮できる仕事に就くことができたのは、このような家康の眼力のゆえであろうし、直政とその家臣たちの組み合わせもそうであった。

直政の活躍は、家康によってプロデュースされた「チーム直政」の成功であり、それが家康を天下人へと導いた原動力の一つとなったと考える。

あとがき

井伊直政と出会ったのは、今から二十二年前、平成七年にさかのぼる。彦根城博物館に勤めて最初の仕事の一つが、同年秋に予定されていた展覧会「徳川四天王」の図録に載せる「井伊直政年表」の作成であった。

しかし、それまで大名家史料はおろか近世史も専門としてこなかった身には、よい勉強の機会にはなったといえるが、あとから見返してみると史料収集が充分ではなく、また、諸説ある履歴も併記するだけで、とうてい満足できる内容ではなかった。直政についてさらに勉強する必要性を感じ、次の企画が予定されているわけではなかったが、関係ありそうな図録や史料集を見かけると目を通して、関連史料をストックするようになっていった。

直政については、彦根の発展の基礎を築いた藩祖であり、駅前に銅像が建っていることからもわかるように、地元での知名度は高い。小中学生の総合学習、地域での講座、雑誌やテレビ番組の取材などで話を求められる機会が少なからずあった。はじめの頃は納得されるような説明ができなかったが、その都度調べ、考えなおす、ということを繰り返すうちに、自分なりの直政像ができあがっていった。ただ、それとともに世間一般に広まっている直政イメージとの違いを感じるようになった。調べたことを知ってもらうためには、その場限りの口頭での説明ではなく、印刷した読み物を作成することが必要だという想いが強くなり、職務の上では、二〇〇七年の展覧会で直政を取り上げて図録を作成し、その内容を子ども向けにアレンジした小冊子も作成した。ただ、それらは形態としても文章量にも制約があり、直政の生涯・事績を網羅したものではなかった（子ども向け冊子「直政・直孝物語」は、現在、彦根城博物館ホームページで公開している）。

在職中には、直政の生涯と人物像の全貌を紹介する機会には恵まれなかったが、このたび、これまでの直政研究をまとめる機会を得た。一般向けの書籍という性格上、古文書の写真の掲載は最低限に抑えたが、長年かけて集めてきた関連史料をできる限り紹介した。本来ならば、まず学術論文によって論証した上で、その成果を一般向けの書籍にするべきであろうが、今回、論証に紙幅を費やすことができないまま独自の考えを多く盛り込んでいる。専門家から見れば説明が不足していると感じる部分があるのは承知しており、今回論じきれなかった点については、別の機会に論じてみたい。

博物館で勤務する中で、歴史への想いを持った多くの人に出会った。彦根藩士の末裔の方、所蔵資料を持参された方、歴史をまちづくりなどに活かそうと活動する方など、さまざまな方から話を伺う中で、単なるモノとしての資料、事実としての歴史だけでなく、歴史に対する想いを受け止めてきた。そのような経験を積み重ねて、公務として歴史と文化財を扱う者のありようを模索してきた。曲がりなりにも仕事を続けることができたのは、そのような方々や、ともに仕事をしてきた彦根城博物館の職員、その他お世話になった大勢の方々のお陰である。本書はそのような皆様へのささやかなご恩返しと考える。

本書は、戎光祥出版の中世武士選書として出される。お話をいただいた際、井伊直政が中世武士の範疇に入るかという迷いがあったが、書き進めていくうちに直政は紛れもなく戦国の世から生まれた武将であると断言できるようになった。出版の機会を与えていただいた戎光祥出版の皆様に感謝申し上げる。

最後に、私事ではあるが、退職の挨拶ができないままになっていた方々へ、この場を借りて挨拶と御礼を申し上げたい。自分自身でも思いがけない決断であったが、職を離れたことで本書ができあがったので、悪い選択ではなかったと思う。また、昨年の病気療養中には体調を気づかい幾度となく慣れ親しんだ料理を届けてくれた両親や妹、そして公私にわたるパートナーでありいつも的確なアドバイスと情報提供をしてくれる夫に感謝を述べて結びとしたい。

二〇一七年八月　夏の終わりに

野田　浩子

【参考文献】※本文で頻出する史料集・史料群は〔　〕のとおり略記した。

〔刊行史料〕

斎木一馬・林亮勝・橋本政宣校訂『寛永諸家系図伝』続群書類従完成会、一九八〇年～一九九四年〔『寛永系図』〕
日光叢書『寛永諸家系図伝』日光東照宮社務所、一九八九年～一九九〇年〔『寛永系図』真名本〕
高柳光寿監修『寛政重修諸家譜』続群書類従完成会、一九六四年～一九六六年〔『寛政譜』〕
内閣文庫所蔵史籍叢刊特刊第一『朝野旧聞裒藁』汲古書院、一九八二年～一九八四年〔『朝野』〕
内閣文庫影印叢刊『譜牒余録』国立公文書館内閣文庫、一九七三年～一九七五年
竹内理三編『家忠日記』増補続史料大成、臨川書店、一九七九年
竹内理三編『晴右記・晴豊記』増補続史料大成、臨川書店、一九七八年
『当代記・駿府記』史籍雑纂、続群書類従完成会、一九九五年
「慶長年中卜斎記」『改訂史籍集覧』第二十六冊
「聚楽第行幸記」『群書類従』帝王部
黒川真道編『関原軍記大成』国史研究会、一九一六年
酒井憲二『甲陽軍鑑大成　第二巻　本文篇下』汲古書院、一九九四年
『大日本古文書　浅野家文書』東京帝国大学文学部史料編纂掛、一九〇六年〔『浅野』〕
『大日本古文書　伊達家文書』東京帝国大学文学部史料編纂掛、一九〇八～一四年〔『伊達』〕
『大日本古文書　相良家文書』東京帝国大学文学部史料編纂掛、一九一七～一九年〔『相良』〕
『大日本古文書　毛利家文書』東京帝国大学文学部史料編纂掛、一九二〇～二四年〔『毛利』〕
『大日本古文書　吉川家文書』東京帝国大学文学部史料編纂掛、一九二五～三二年〔『吉川』〕
『大日本古文書　島津家文書』東京帝国大学文学部史料編纂掛（東京大学出版会）、一九四二年～二〇一六年〔『島津』〕

福岡市博物館編『黒田家文書　第一巻』福岡市博物館、一九九八年　〔『黒田』〕
米山一政編『真田家文書　上・中』長野市、一九八一〜八二年　〔『真田』〕
荻野三七彦・柴辻俊六編『新編甲州古文書　第一巻』角川書店、一九六六年
中村孝也『徳川家康文書の研究　上・中・下一・下二』日本学術振興会、一九五八年〜一九六一年　〔『家康』〕
徳川義宣『新修　徳川家康文書の研究』徳川黎明会、一九八三年
徳川義宣『新修　徳川家康文書の研究　第二輯』徳川黎明会、二〇〇六年
『大日本史料　第十一編之二』東京帝国大学文学部史料編纂掛、一九二七年
湯川敏治編『歴名土代』続群書類従完成会、一九九六年
中村不能斎『井伊直政・直孝』彦根史談会、一九五一年
彦根史談会「史料翻刻『井伊直政御一代記』（その二）」（『彦根郷土史研究』四九号、二〇一五年）
彦根城博物館編『三浦十左衛門家文書・池田愿同家文書調査報告書』二〇〇〇年
彦根藩史料叢書『侍中由緒帳　一〜十五』彦根城博物館、一九九四年〜二〇一五年
＊未刊行分もあわせて「侍中由緒帳」と表記した。
藤井達也「水戸藩家老の家に伝わった中世文書—『水戸鈴木家文書』の紹介—」（『常総中世史研究』第三号、二〇一五年）

〔未刊行史料〕
『彦根藩井伊家文書』彦根城博物館蔵　〔『井伊』〕
『井伊家伝来典籍』彦根城博物館蔵　〔『井伊典籍』〕
『木俣清左衛門家文書』彦根城博物館蔵　〔『木俣』〕
『奥山六左衛門家文書』彦根城博物館蔵

『松下家遺書』東京大学史料編纂所蔵
『鈴木文書』（原蔵者鈴木重信）東京大学史料編纂所蔵影写本
『鈴木文書』（原蔵者鈴木重清）東京大学史料編纂所蔵影写本
『中村不能斎採集文書』東京大学史料編纂所蔵写本
「直政公御一代記」彦根市立図書館蔵
「寛永諸家系図伝」国立公文書館、内閣文庫一五六—〇〇一五〔「寛永系図」提出本〕

〔著書・論文〕
跡部　信『豊臣政権の権力構造と天皇』戎光祥出版、二〇一六年
井伊達夫『井伊軍志—井伊直政と赤甲軍団—』京都井伊美術館、一九八九年
煎本増夫『幕藩体制成立史の研究』雄山閣、一九七九年
煎本増夫『戦国時代の徳川氏』新人物往来社、一九九八年
遠藤珠紀「徳川家康前半生の叙位任官」（『日本歴史』八〇三号、二〇一五年）
遠藤珠紀「秀吉と天皇　実像編」（堀新・井上泰至編『秀吉の虚像と実像』笠間書院、二〇一六年）
大石泰史『井伊氏サバイバル五〇〇年』星海社、二〇一六年
小川隆司「武田氏の駿遠支配と国衆統制」（静岡県地域史研究会編『戦国期静岡の研究』清文堂、二〇〇一年）
笠谷和比古『関ヶ原合戦　家康の戦略と幕藩体制』講談社、一九九四年
笠谷和比古『関ヶ原合戦と近世の国制』思文閣出版、二〇〇〇年
川田貞夫「徳川家康の関東転封に関する諸問題」（小和田哲男編『戦国大名論集　徳川氏の研究』吉川弘文館、一九八三年、初出は一九六二年）

北堀光信『豊臣政権下の行幸と朝廷の動向』清文堂、二〇一四年
久保田順一『長野業政と箕輪城』戎光祥出版、二〇一六年
黒田基樹『増補改訂　戦国大名と外様国衆』戎光祥出版、二〇一五年
黒田基樹『近世初期大名の身分秩序と文書』戎光祥出版、二〇一七年
黒田基樹『井伊直虎の真実』角川選書、二〇一七年
小宮山敏和『譜代大名の創出と幕藩体制』吉川弘文館、二〇一五年
近藤義雄『箕輪城と長野氏』戎光祥出版、二〇一一年
柴辻俊六『戦国大名領の研究』名著出版、一九八一年
柴辻俊六「『天正壬午甲信諸士起請文』の再検討」(『信濃』六九巻五号、二〇一七年)
柴　裕之『戦国・織豊期大名徳川氏の領国支配』岩田書院、二〇一四年
下村　效『日本中世の法と経済』続群書類従完成会、一九九八年
白峰　旬『新解釈関ヶ原合戦の真実』宮帯出版社、二〇一四年
太向義明「『甲陽軍鑑』研究の現状と課題―酒井憲二編著『甲陽軍鑑大成』を受けての試論―」(萩原三雄・笹本正治編『定本・武田信玄　21世紀の戦国大名論』高志書院、二〇〇二年)
竹井英文「真田と上杉を結んだ道―戦国・織豊期の沼田と会津―」(谷口央編『関ヶ原合戦の深層』高志書院、二〇一四年)
谷口克広『信長の親衛隊』中央公論社、一九九八年
津野倫明「豊臣～徳川移行期における『取次』」(『日本歴史』六三四号、二〇〇一年)
中野　等『石田三成伝』吉川弘文館、二〇一七年
日本史史料研究会監修・平野明夫編『家康研究の最前線』洋泉社、二〇一六年
根岸茂夫『近世武家社会の形成と構造』吉川弘文館、二〇〇〇年

野田浩子「彦根藩による井伊家系譜の編纂」（『彦根城博物館研究紀要』八、一九九七年）
野田浩子「関ヶ原合戦図屛風の図像とその展開」（『彦根城博物館研究紀要』一四、二〇〇三年）
野田浩子「井伊家の家格と幕府儀礼」（朝尾直弘編『譜代大名井伊家の儀礼』彦根城博物館、二〇〇四年）
野田浩子「徳川家康天下掌握過程における井伊直政の役割」（『彦根城博物館研究紀要』一八、二〇〇七年）
野田浩子「徳川家康の家中序列構想―徳川一門衆としての井伊直政―」（「彦根城博物館だより」一一一、二〇一五年）
野田浩子「『井伊家伝記』の史料的性格」（『彦根城博物館研究紀要』二六、二〇一六年）
野田浩子「中世井伊氏系図の形成過程」（『日本歴史』八三一号、二〇一七年）
原　史彦「新出史料『徳川家康書状　豊臣秀保宛』および「式御成之次第」について」（『金鯱叢書』第四一輯　二〇一四年）
平井上総『長宗我部元親・盛親』ミネルヴァ書房、二〇一六年
平野明夫『徳川権力の形成と発展』岩田書院、二〇〇六年
平山　優『天正壬午の乱　増補改訂版』戎光祥出版、二〇一五年
平山　優『武田遺領をめぐる動乱と秀吉の野望―天正壬午の乱から小田原合戦まで』戎光祥出版、二〇一一年
藤井讓治編『織豊期主要人物居所集成』思文閣出版、二〇一一年
藤田達生「『神君伊賀越え』再考」（『愛知県史研究』第九号、二〇〇五年）
藤田達生『信長革命「安土幕府」の衝撃』角川選書、二〇一〇年
二木謙一『武家儀礼格式の研究』吉川弘文館　二〇〇三年
堀越祐一『豊臣政権の権力構造』吉川弘文館、二〇一六年
本多隆成『定本　徳川家康』吉川弘文館、二〇一〇年
丸島和洋『戦国大名武田氏の権力構造』思文閣出版、二〇一一年
丸島和洋『戦国大名の「外交」』講談社、二〇一三年

丸島和洋「北条・徳川間外交の意思伝達構造」(『国文学研究資料館紀要 アーカイブズ研究篇』第一一号、二〇一五年)
武藤全裕『遠江井伊氏物語』龍潭寺、第二版二〇一三年
矢部健太郎「前田玄以の呼称と血判起請文―『民部卿法印』から『徳善院僧正』へ―」(山本博文・堀新・曽根勇二編『豊臣政権の正体』柏書房、二〇一四年)
山本博文「豊臣秀吉と黒田官兵衛」(山本他編『豊臣政権の正体』柏書房、二〇一四年)

〔自治体史〕
『引佐町史 上巻』引佐町、一九九一年
『甲賀市史 第八巻 甲賀市事典』甲賀市、二〇一六年
『新編高崎市史 通史編二 中世』高崎市、二〇〇〇年
『新編高崎市史 通史編三 近世』高崎市、二〇〇四年
『新編高崎市史 資料編四 中世Ⅱ』高崎市、一九九四年
『新修彦根市史 第二巻 通史編近世』彦根市、二〇〇八年
『新修彦根市史 第六巻 史料編近世一』彦根市、二〇〇二年
『仙台市史 資料編十一』仙台市、二〇〇三年
『高森町史 上巻前篇』高森町史刊行会、一九七二年
『長久手町史 資料編六 中世 長久手合戦史料集』長久手町役場、一九九二年
『山梨県史 資料編四 中世一』山梨県、一九九九年

〔図録・報告書類〕
世田谷区立郷土資料館「資料館だより　六一」二〇一四年
テレビ朝日他『徳川家康没後四〇〇年記念特別展　大関ヶ原展』二〇一五年
長野市教育委員会松代藩文化施設管理事務所『真田宝物館収蔵品目録　長野県宝　真田家文書（一）』二〇〇四年
彦根城博物館『徳川四天王』一九九五年
彦根城博物館『戦国から泰平の世へ―井伊直政から直孝の時代』二〇〇七年
彦根城博物館『武門の絆―徳川将軍家と井伊家』二〇一一年
彦根城博物館『新収蔵記念　彦根藩筆頭家老・木俣清左衛門家資料』二〇一三年
NHK・NHKプロモーション『二〇一七年NHK大河ドラマおんな城主直虎特別展　戦国！　井伊直虎から直政へ』二〇一七年

井伊直政関係年表

＊諸説あるものは、有力な説を採用した。

和暦	西暦	月日	事項
永禄4	一五六一		遠江国祝田で誕生。父は井伊直親、母は奥山親朝娘。童名万千代。
永禄5	一五六二		父直親、死去。直政は新野親規方で養育される。
永禄7	一五六四		新野親規討死につき、親規の後家のもとで養育される。
永禄11	一五六八		この頃、井伊谷は小野、松下、松井、中野、菅沼忠久、近藤康用、鈴木重時が守る。
		12月	井伊谷が徳川家康に侵攻される。直政、鳳来寺に逃亡する。
		この間	直政の母が松下清景に嫁し、直政、清景の養子となる。
天正3	一五七五		徳川家康に召し出される。
天正4	一五七六		初陣として芝原合戦に出陣する。
天正7	一五七九		天龍河原の合戦に出陣。同心の松居清易が一番槍を入れる。
天正10	一五八二	5月	家康の安土城参向・上洛に御供する。
		6月2日	本能寺の変により、家康の御供として伊賀越えで岡崎へ戻る。
		7月	家康が甲斐に出陣。直政も同行する。
			八月までに、兵部少輔と改称する。
		8月	徳川と北条が甲州で対陣（天正壬午の乱）。
			八月から十二月に、甲州の武田旧臣らへ出された家康の朱印状の奉者となる。
		10月28日	直政、北条との和議の使者を務める。
		この頃	直政を大将とする部隊を形成し、武田旧臣の四隊、今川旧臣らを附属させる。
天正11	一五八三	1月11日	浜松で松平忠次の娘と祝言をあげる。
		1月12日	家康から自筆書状にて、配下の者を高遠口へ派兵するよう命じられる。
天正12	一五八四	3月	小牧・長久手合戦に出陣する。
		4月8日	東美濃の遠山佐渡守・半左衛門尉父子の取次を担当する。
		4月9日	井伊隊、家康旗本隊の先手として長久手で池田恒興・森長可と合戦し、勝利する。

天正13	一五八五	6月19日	尾張蟹江城攻防戦で海上封鎖し、織田信雄から感状を受け取る。
		8月	家康、信州上田城の真田昌幸を攻める。井伊隊は木俣守勝・松下清景が同心衆を率いて出兵する。
		閏8月	上田城から兵を引き取るため直政みずから出兵する。
		9月17日	信濃高野町に宛てて、大須賀康高らと連署で禁制を出す。
天正14	一五八六	5〜6月	この頃、修理大夫に叙任される。すぐに辞官したか。
		9月	家康、居城を駿府へ移す。直政も同行する。
		9月	直政・本多忠勝・榊原康政の親族を秀吉のもとへ人質として差し出す。
		10月	大政所を岡崎城で警固する。
		11月12日	大政所を送るため大坂城へ行き、秀吉に対面する。
天正16	一五八八	4月	豊臣姓にて従五位下・侍従の官位を授かる。
		4月14日	聚楽行幸。直政、侍従として列座する。
天正17	一五八九	7月26日	駿府の直政屋敷で能を催す。家康主従が見物する。
		8月	方広寺大仏建立に使うため富士山の材木の伐り出しに従事する。
天正18	一五九〇	1月	徳川秀忠の御供として上洛する。
		2月2日	小田原への出兵に向けて、家康、陣触を出す。
			この頃、嫡子直継、浜松で誕生する。母は正室松平忠次娘。
		2月	次男直孝、駿河中里村で誕生する。母は印具徳右衛門娘。
		3月29日	小田原へ向けて進軍を開始。
		4月19日	配下の別働隊、三浦安久らが津久井方面で戦功を挙げ、秀吉から感状を得る。
		6月22日	井伊隊、夜襲をかけて篠曲輪を落とす。近藤季用と長野業実が秀吉から褒賞される。
		7月5日	小田原落城。北条氏の処分などの戦後処理を担う。
		8月	上野国箕輪十二万石を拝領。
天正19	一五九一	1月22日	家康の御供として上洛する。
		5月13日	家老西郷藤左衛門より、安中宿伝馬に手形を用いる規定を発する。

文禄元	一五九二	8月22日	九戸政実の乱に対し、浅野長政・蒲生氏郷・堀尾吉晴とともに奥州九戸城を攻める。
		9月6日	九戸城攻めの戦後処理として、百姓への還住命令に連署する。
			朝鮮出兵に際し、江戸城の留守を命じられ、江戸城普請を務める。
		10月	朝鮮出兵を断った下妻城主多賀谷重経に向けて出兵する。
文禄2	一五九三		朝鮮半島へ家臣三浦安久らを派遣する。
文禄3	一五九四	4月27日	直政家臣連署で野尻伝馬に手形を用いる規定を発する。
文禄4	一五九五	3月28日	秀吉が家康の京都邸へ御成。直政は家康子息に並んで進物を献納する。
		7月20日	秀吉・秀頼への忠誠を誓う二十八名連署起請文に名を連ねる。
慶長元	一五九六	4月5日	領内に、鵜を取った者は箕輪城台所まで差し出すよう定書を発する。
		4月18日	箕輪領内に検地を実施する。
慶長3	一五九八	8月18日	豊臣秀吉、死去。
		この年	居城を箕輪から和田に移し、高崎と改名する。
		12月1日	秀吉の遺品として元重の刀を受け取る。
		12月25日	黒田如水・長政と盟約を結び、長政と起請文を交わす。
慶長4	一五九九	1月	家康が石田三成らから襲撃される噂があり、黒田長政・藤堂高虎らと相談して家康屋敷を警備する。
		3月11日	家康、前田利家を見舞うため大坂へ行く。井伊隊はこれを警備する。
		3月26日	家康、向島城へ転居する。直政主従が準備を整える。
		閏3月	豊臣七将が石田三成を襲撃し、三成が佐和山へ隠退する。
		6月31日	直政、国元へ帰国する。
慶長5	一六〇〇		七月中旬まで高崎に在国。この頃体調不良。
		7月15日	直政、会津出兵の陣触を出し、井伊隊は小山方面へ向けて出陣する。
		7月25日	家康、小山にて上方へ兵を戻すことを決定する。
		8月3日	家康の不出馬と直政の名代派遣が決定。四日、直政隊出立。

		8月21日	岐阜城攻め。勝利後、兵を美濃赤坂まで進める。
		8月25日	直政、黒田如水へ九州での軍事行動開始を承認する。
		9月1日	家康、江戸を出立し、尾張・美濃方面へ向かう。
		9月6日	直政、本多忠勝と連署で赤坂岡山安楽寺へ禁制を出す。
		9月	配下の者へ陣触を出す。
		9月11日	直政、家康と合流。即時決戦を決定する。
		9月15日	関ヶ原で合戦。直政、島津隊から鉄砲を撃たれ、右腕を負傷する。
		9月16日	佐和山城攻め。十七日に落城させると、井伊隊、大津へ進軍する。
		9月22日	直政、大坂へ向かい、大坂方と和議交渉する。
		9月25日	毛利輝元と起請文を交わして輝元が大坂城から退去する。関ヶ原合戦が終結する。
		10月	毛利との講和が成立。直政、毛利輝元と起請文を交わす。
			諸将の軍功を認定して論功行賞を行う。直政は石田三成旧領の拝領が内定する。
		11月	土佐浦戸城接収のため、家老鈴木重好が兵を率いて土佐へ向かう。
慶長6	一六〇一	1月	従四位下に昇進。
		1月	近江に十五万石を拝領し、上野三万石とあわせて十八万石に加増される。佐和山を居城とする。
		3月	佐和山に戻る。まもなく伊豆へ湯治に向かう。
		6月1日	家臣へ関ヶ原合戦での活躍に対する恩賞を下す。
		11月頃	家臣八人が関ヶ原合戦の恩賞に不満を抱き、直政に直訴する。
		12月	有馬へ湯治に行く。翌年一月十三日に佐和山へ戻る。
慶長7	一六〇二	2月1日	佐和山城で死去。
		2月16日	家臣三浦安久が直政の死去を家康に報告する。

【著者紹介】

野田浩子（のだ・ひろこ）

昭和 45 年（1970）京都市生。
平成 7 年（1955）、立命館大学大学院文学研究科博士課程前期課程修了。同年より平成 29 年（2017）3 月まで、彦根城博物館学芸員。
主な業績に、「大名殿席『溜詰』の基礎的考察」（『彦根城博物館研究紀要』12 号、2001 年）、「江戸幕府初期大老と井伊直孝の役割」（『立命館文学』605 号、2008 年）、「中世井伊氏系図の形成過程」（『日本歴史』831 号、2017 年）等がある。

装丁：川本　要

中世武士選書　第39巻

井《い》伊《い》直《なお》政《まさ》　家《いえ》康《やす》筆《ひっ》頭《とう》家《か》臣《しん》への軌《き》跡《せき》

二〇一七年一〇月一〇日　初版初刷発行

著　者　野田浩子
発行者　伊藤光祥
発行所　戎光祥出版株式会社
東京都千代田区麹町一―七
相互半蔵門ビル八階
電　話　〇三―五二七五―三三六一㈹
ＦＡＸ　〇三―五二七五―三三六五
編集・制作　株式会社イズシエ・コーポレーション
印刷・製本　モリモト印刷株式会社

http://www.ebisukosyo.co.jp
info@ebisukosyo.co.jp

ISBN978-4-86403-262-9